U0093359

風雲時代

風雲時代

女人
你要
優雅一生
韋甜甜
著

女人你要優雅一生

Contents 目錄

女人 你要 優雅一生

Contents 目錄

第五章

第六章

女人你要優雅一生

Contents 目錄

第八章 獨立睿智，讓你的優雅與眾不同／277

前言

一個女人，彈指間盡是芳華，這是經過歲月的磨礪而孕育出的由內而外的品味。

就如《花樣年華》中的張曼玉，有一點妖嬈，一點含蓄。

她身著曼妙的旗袍，邁著輕盈的步伐，於巷口留一串修長的背影，在昏黃的街燈下露出一張透澈迷茫的臉。這樣的場景無數次在重複，重複一種輪迴。這彷彿是一種無盡的優雅，故事又彷彿沒有結局……

這是電影裡的優雅，張曼玉的玲瓏俏麗和成熟的韻味，在場景、音樂和女人的思緒中穿梭出一道別樣的風景。

西蒙・波娃曾說過一句讓女人自豪的話：「我們不是生爲女人，而是要做女人。」而我們不但要做女人，還要做優雅的女人。

優雅和金錢無關。很難想像，一個衣著講究、言語舉止粗俗、一擲千金的富婆能夠優雅，充其量只是一種暴發戶的粗劣包裝和虛榮的炫耀而已。

優雅和長相打扮也沒有太多的關聯。秀麗的容貌，只是給優雅準備了先天的條件。一個長相迷人、打扮時髦的女人只會讓人在心中讚嘆，真漂亮！卻不會令人覺得這個女人如此優雅！那些過分的脂粉，只會抵消女人天生具有的美麗，讓人感到庸俗。

優雅也不能和學識能力畫等號。一個學問淵博、事業有成的女人，會讓人心生羨慕、由衷讚嘆，卻也常常讓人產生一種距離感，令人敬而遠之。

優雅也不會拒絕年齡。有的女人，即使到了白髮蒼蒼的暮年，仍給人一種難忘的印象。

女人中還不乏一些人，常常有意無意地故作姿態，擺出一副優雅的架子。殊不知，優雅是裝不來的，它是一種從骨子裡透出來的美麗，一味模仿，只會惹人生厭。

……

那麼，什麼是優雅？

優雅是外在美和內在美的統一，是內在的各種綜合素質滲透到外表而顯示出來的一種高貴的氣質，是一種無以言說的翩翩風度。它如同春天的小溪，在山間叮叮咚咚地歡唱；如夏日的清風，給人絲絲的涼爽；如秋天的收穫，給人遍地的金黃；如冬日的陽光，讓人內心頓生煦暖……優雅也許是一個迷人的微笑，一句貼心的話語，一個助人的動作，一個相知的眼神；優雅也許是一種對生活的自信，一種積極樂觀的滿足，一種從容鎮定的安詳，一種謙遜善良的美德……總之，它是一種心靈深處自然萌生的感覺——親切溫暖、讓人愉悅；並且，不管面對怎樣的環境和挫折，它都能始終保持不變。

優雅是一首詩，總在尋常的平平仄仄中，營造出嶄新而美的意境；優雅是一首歌，總在舒緩悠揚的旋律中，演奏出動人的篇章；優雅是一幅畫，讓人有「可遠觀而不可褻玩焉」之感；優雅更是一種完美的生活態度，內斂而不張揚，端莊而不做作，讓人心生敬意。

優雅是一種味道，由內而外散發著迷人的芳香。言語中盡是撩人的思緒，舉手投足間顯示著成熟女人的曼妙。

優雅是一種內在氣質，是一種風度，也是一種個人獨特的風格。

優雅也許帶有遺傳基因的因素，更重要的是來自後天的修為。

優雅是裝不出來的。舉手投足、微笑也許不會出賣你，但是言談內容和思想卻能向他人透露，你並非真正優雅。

優雅不是先天的。它是懸浮於物質表面的一種氣度的展示。自信的女人常常帶給人一種知性的美，這是後天的塑造，更是優雅的源泉。

優雅的女人有著共同的品質——善良。善良是一種天性，而「女人最大的美麗是善良」。這種描述沒有過多的期許，簡潔直接，不容得半點疑慮。有一顆善良的心，有一個良好的修養，是做一個優雅女人最簡單的素養。

優雅無處不在，它在每個人眼中是不同的美麗。

優雅是一種魅力，由內而外，自然流露。它既體現在人的外表裝束和言談舉止上，亦貫穿於其學識修養、為人處世、道德行為等各個方面。

本書從穿著、化妝、禮儀、兩性等多個日常角度入手，讓你在最短時間裡，內外兼修「優雅」這門功課——你可以擁有有魅力的外表，在物質上獲得成功；也可以擁有睿智的內心，在精神上獲得滿足，真正成為有風度、有品味、有修養的優雅女人。重要的是，閱讀本書，可以讓每一個女性朋友的生活呈現出從容、儒雅、柔軟、雍容、智慧、練達、樸素、大氣的品性，相信每個女人都能成為那個精彩的「例外」。

第一章

服飾得體，穿出優雅氣質

1 優雅的女人一定要服飾端莊

得體的服飾是優雅氣質外在的表現形式之一，優雅的女人一定是個服飾得體的女人。因爲服飾是儀容之外重要的視覺印象，服飾的搭配也會顯示一個人獨特的風格和魅力。

優雅的服飾，必須適合自己的體型，與年齡、身分一致。必須和環境、所處的場合相吻合，避免顯得格格不入；服飾也因人而異，要能展示個性特點。

無論是套裝還是休閒服，或者是宴會上的禮服，服飾的每一個細節都應該精心選擇和搭配。如此，才會給人高雅的感覺，才會顯示出個性。所以，優雅的服飾要遵循幾個至關重要的原則：

第一，宴會是禮儀的考場，在正式宴會中，無論是剪裁還是服飾的布料，都要選擇質地精良的上等禮服，如果用劣質品濫竽充數，結果將弄巧成拙。

第二，優雅不是盲目，但優雅一定時尚。優雅的女人不會盲從潮流。優雅的女人，會用時尚的元素帶來愉悅的心情，帶來不凡的感受，而時尚會更賦予優雅的女人不同凡響的氣質和神韻，顯示出其獨特的生活品味，令其展露出美好的個性。

第三，服飾要與自己的個性和氣質協調。如果服飾的特點和你的個性相得益彰，你就會變得優雅起來。優雅的女人一定要服飾端莊，不過分炫耀，也不能過分緊身，顯得個性張揚。

那麼，什麼樣的服飾才稱得上是優雅的服飾呢？

質地要好

劣質布料、粗製濫造和優雅沾不上邊。優雅的服飾一定是質地精良、做工精細的，不一定是名牌或是高檔的奢侈品，但一定不能是濫竽充數的劣質品。

款式要雅

款式要素雅端莊，不要太前衛，否則會顯得招搖，但一定要時尚。

布料要舒適

衣服穿在身上一定要舒適，不會損害身體的健康。所以，不能穿過緊、過短的衣服，因爲過緊的衣服會阻礙血液流通，過短的衣服會讓身體受到風寒的侵襲。

搭配要協調

和諧才會美。所以，優雅的服飾搭配也應該以和諧爲第一原則，再精心地考慮每一個細節。

2 揮金如土，不如找到自己的風格

品牌是商品的標誌，它代表著商品的個性、品味和價值。然而，名牌對女人來說意味著什麼呢？世界上沒有女人會拒絕名牌。如果條件允許的話，大多數女人大概會忍不住將所有的名牌全買下來。

服裝的品牌固然重要，卻不是最重要的。因爲女人的魅力主要來源於本身的特質，而不是身上的名牌商品。因此，要想成爲一個具有獨特魅力的女人，首先應該提高自身的品牌價值。

「那麼貴的衣服，爲什麼我穿出去卻像個傻瓜一樣呢？」巴爾扎克曾在《風俗研究》中說：「服飾表現的就是人本身，他的政治信仰，他的生活方式。」

一件昂貴的貂皮大衣，有的女人可以穿得高貴典雅，有的女人卻會顯得俗不可耐。相反，一件很廉價的襯衫，卻會被獨具匠心的女人穿出明星風範，這就是人與人之間的品味差別。女人不要單純地認為衣服越貴越好，越是名牌越有表現力，而忽略了內在的東西。

有人說：「不懂得用衣服表現自己，自己就會變成衣服的奴隸。」女人的衣櫃裡永遠都少一件適合自己的衣服，而不是一件美麗昂貴的衣服。愛美是女人的天性，女人都希望自己比別人漂亮、優雅。雖然衣服款式琳琅滿目，但是要穿出美、穿出自己的味道，並不是一件很容易的事。由於每個女人的職業、身材、膚色、氣質都不相同，所以女人在買衣服時要找準自己的格調，不要一味追求流行，不妨從流行的主要元素入手，挑選適合自己的服飾，從而讓自己成為當下的時尚達人。

女人在添置衣服時，記得要貨比三家。買衣服除了要考慮品牌、質地、色彩、款式等諸多因素外，還要考慮這件衣服能否和家中的衣服進行搭配。

如果你原有的服裝、鞋子都與新購的衣服不協調，就算它的品牌再好，效果再出色，也要毫不猶豫地捨去。否則為了一件昂貴的衣服，還要購置與它搭配的其他服飾，無形中也就加大了成本。

其實，優雅的女人並非一定要有豐厚的金錢基礎，重要的是懂得自己，理解時尚。為了讓自己優雅而揮金如土，只是一個不折不扣的敗家女，而不會讓他人賞心悅目。

3 亂穿鞋襪，魅力失分

就像化妝品一樣，許多女人都很愛買鞋子。不幸的是，大部分人雖然有滿滿一櫃子的漂亮鞋子，到最後穿的只有那麼幾雙。

在正式場合，女性的鞋子應該是高跟、半高跟和包頭式皮鞋，繫帶式、丁字式涼鞋等都不適合。有些女人會有一些不好的習慣，比如喜歡沒事就脫下鞋子，或是處於半脫鞋狀態，事實上，除了進入專門場所需要脫鞋外，不要在別人面前把腳從鞋裡伸出來。

社交場合中，不應該做出繫鞋帶的舉動。無論穿哪一種鞋子，既不應該拖地，也不應該跺地。否則，不僅製造噪音影響別人，也會讓別人對你產生不好的印象。

還有一些類似拖鞋的皮鞋，也不宜穿到公共場合。即使在平常的工作場合中，穿拖鞋也是極其不禮貌的行爲。

女襪一般分爲長襪和短襪。短襪一般只適用於長褲，有時也可用於過膝短褲或裙裝；但穿西式套裝時，必須穿長襪來突出女性的腿部美。穿暗色的長襪，會使雙腿顯得細瘦，達到修正體型的效果；選擇明色的襪子，則更能突出肌膚的美。

另外，破了的長襪不要再穿。所以女人應該多備一雙長襪，以備不時之需。

4 身材不完美，服飾來彌補

明星何以奪人眼球？她們千變萬化的造型是焦點所在。得體的形象，能夠令原本普通的人變得出眾耀眼，增添幾分氣質。雖然有的女人很漂亮，但如果整體打扮很差，衣裝與髮型、鞋包又不協調，就會給人一種錯位的感覺，大大影響整個人的氣質。

穿衣要講究協調美。要想讓服裝看起來符合自己的氣質，給人協調感，就要學會聰明地穿衣。你可以通過穿衣技巧，巧妙地將自己的身材缺陷掩蓋起來，突出服飾美的效果，你就是一個成功的穿衣達人。

張曼玉在電影《青蛇》中扮演青蛇時，飄逸的輕紗薄裙，給她更添幾分風華絕代之美，妖媚之感。

對於張曼玉，造型師吳寶玲說：「如果要講張曼玉有多漂亮，還蠻難的，因為她外貌只能算一般。但是她的身材很好，所以給她做『青蛇』造型時，我會更多突出她體態上的優勢！」

明白自己身材的優勢，就可以在穿著方面揚長避短。注意！什麼樣的體型配什麼樣的服裝。從色彩、款式、裁剪上，都能夠起到彌補缺點和突出優勢的作用。所以，不要怪自己的身材不好，要怪就怪自己穿錯衣服。

巧穿衣改變臉型

對臉大而圓的女性而言，適宜的服裝是：上衣的領型應款式簡單、大方，肩膀設計需稍寬闊，有墊肩更佳，下身最好是緊身褲、緊身裙。

臉部過於瘦小的女性，由於臉龐看上去顯得與身體其他部位的比例不協調，所以，大衣領或領口寬大的衣服是這些人的首選。肩膀部分不宜放墊肩，不能寬大，最好順其自然。在色調選擇方面，不宜採用淡色系列，應巧妙地配合濃淡部分，否則會使臉部更加顯小。

巧穿衣增加頸部美感

頸部粗短的女性，一般比較適合U字形或V字形的低領型服裝。如果衣服上面有縱向的條紋，就會給人一種拉長和向上的錯覺，從而掩飾頸部過短的缺陷。

巧穿衣讓「太平公主」變豐滿

小胸女人也可以變得性感，關鍵就看怎麼穿。穿胸前有口袋或特別花樣的上衣，可以增加擴散的效果；胸前有褶皺或腰帶的上衣，會讓胸部看起來比較豐滿。

對於衣服的布料而言，選擇有紋路的布料或橫線條上衣，會讓胸部看起來更加豐腴些。布料亮度比較高的衣服，也能使胸部看起來豐滿些。

泳裝的款式不妨選擇胸線有折邊或褶皺的。

有墊肩設計的外套，會使胸部看起來比較挺。較寬版的連身長裙，搭配襯衫或針織衫也是小胸女性的選擇。

寬鬆式的造型以及層疊的蛋糕裙，會讓人忽略對胸部的關注，掩飾胸部過小的缺陷。二件式和多層次的穿法也會製造出豐滿的效果。

穿舒適而貼身的衣服會顯露平胸，若在外面搭配背心或小外套，胸部看起來就會顯得比較豐滿。

巧穿衣掩蓋粗腰、大臀、凸腹

臀部過大的女人穿下擺寬鬆的衣服並不理想，她們應該穿下擺較緊縮的衣服。如果女人腰粗的話，就不要放太多細節在腰間處，因為那樣會更引人注意。有一個改善辦法是，穿質地柔軟的連衣裙，可以掩飾腰粗的缺陷。

凸出的小腹永遠是一個美麗女性的缺陷，也是穿衣時的一大難題。如果處理不當，便會破壞一件漂亮衣服的美感。有小腹的女人適合穿長款上衣，利用長度遮住微凸的小腹。可選擇有彈性的布料。A字形的窄裙也有很好的修飾效果，但有一點要儘量避免：不要把襯衫紮到裙子裡或褲腰內，或是穿腹部剪接的打褶服裝，這會使腹部顯得更加醒目。

巧穿衣讓雙腿更修長有型

腿短並且腰較細、臀圍較寬的女人，最適合穿裙子，或可蓋住臀圍且不收腰身的上衣。爲了揚長避短，這類人不適合穿直筒褲。

如果想讓腿變得修長一點，最好穿緊身的直筒褲或及膝裙，外加尖頭涼鞋或高跟鞋。

腿粗的女性不太適合穿緊身的褲子，同樣不可以穿超短裙。爲了掩飾缺陷，最好穿筒裙、長裙或是喇叭褲。

腿太細的女人不適合穿緊身裙，比較適合款型挺拔的長褲，比如毛呢褲。在色彩選擇上，以偏向明亮、淡雅的色調爲宜。

巧穿衣讓自己更顯瘦

如果這件衣服裁剪得非常有腰身，束腰帶就會顯得你雅致大方。一件有型的黑色夾克，對於展示你的形體來說至關重要。及臀的上衣搭配直筒裙，能塑造完美的直線；及膝的套頭衫和短裙把身體分成三部分，塑造出更苗條的曲線；穿長裙，則讓自己看起來更加苗條；輕質料的針織衣，對女人的身體曲線不會吹毛求疵；瘦長的褲子加上短款上衣，能很好地製造出腿長的效果。

巧穿衣讓體型高大的女漢子變得有女人味

體型高大的女人，該怎樣穿衣才能讓自己充滿女人味呢？服裝設計師的建議是：穿橫條紋、斜條紋的衣服，會讓身材看起來更秀氣。而且，這樣的女性適合穿下擺散開的圓裙。爲了給人一種身材秀美的感覺，還可以在腰部裝飾小花束，或在裙子上佩戴花紋圖案的裝飾等。總之，儘量使上半身顯得瘦小一點，是體型高大的女性不錯的選擇。

巧穿衣展露性感香肩

寬肩膀對男人來說是非常必要的，可對女人來說，就不是非常好的了。怎麼辦呢？大V領是肩寬美人的最佳款式，借由V領的視線延伸，巧妙地掩蓋住肩寬的缺點。深U領也能「縮肩」，因爲U領使頸部露出一片開闊地帶，頸部修長了，肩部自然就變窄了。深色系上衣同樣具有神奇的「縮肩」效果。而別致的設計、花哨的圖案，能將他人的視線從寬大的肩膀上移開。選用下垂性比較好的面料做衣服，肩膀看起來也會窄一些。

背肥忌穿露背裝

時裝設計師建議：對背肥的人而言，露背裝是大忌，其次是背心，這兩種服裝會給人虎背熊腰的感覺。不妨試試深色短袖上衣，以款式簡單為主，也許會收到意想不到的效果。在褲裝或裙裝方面突出細節的裝飾，可轉移別人的注意力，看上去也會瘦一些。

巧穿衣讓身型瘦小的女人端莊大氣

嬌小的女子很可愛，但是如果過於嬌小，可以藉由服飾讓自己表現得更加大氣一點。體型瘦小的女子最好選擇花型素雅、簡潔的服裝，不宜穿衣領開口很大或衣袖多褶的服裝。此外，身材嬌小的女人也很適合穿腰部裝有飾品的牛仔褲，若在腰部束一條寬腰帶會更顯漂亮。

5 用顏色傳達你的品味

一位色彩專家曾說：「女性所穿衣服的顏色可以反映出她當時的心情。」如果女人穿鮮豔的衣服，說明她的心情好，你可以約她進行很high的娛樂活動；如果她穿了暗色調的衣服，說明她的情緒穩定，你可以約她去美術館等讓人心情平靜的地方；如果她喜歡穿粉色等暖色調的衣服，說明她是一個富有包容力和寬容心的女人；如果她大部分的服裝都是以黑色爲基調，則說明她需要傾訴對象或是希望得到別人的讚美……這就是色彩的魔力。

我們會發現：當女性穿著黑色或者深色絲襪，她的腿就會顯得修長而挺拔；當她穿了暖色調的衣服後，她就會顯得略胖。只要掌握了色彩秘密，我們就可以用顏色傳達自己的品味。

愛美的你，是否也遇到這樣讓人尷尬的事情：穿著當下流行的衣服，化著最時尚的妝容，得到的評價卻是「氣色不好」「妝化得太濃」等。其實，這並不是因爲女人不夠潮，而是色彩給她惹了「禍」。

女人想要讓自己更有氣質，就要當好自己的色彩顧問——清楚自己的髮色、膚色和眼睛的顏色，這三種顏色在美學中被稱爲「個人色彩季型」。

每個女人都有一個自己喜歡的色彩，凡是女人偏愛的那個色彩，通常情況下也是與自己的氣質、膚色相協調的色彩。如果女人可以從自己喜歡的顏色中好好發揮，向類似的顏色延伸，那麼一個和自己協調的色彩體系便會很快地形成。

那麼，色彩對於女性著裝究竟蘊含著怎樣的訊息呢？

色彩可以使人的時間感產生混淆，人看著紅色，會感覺時間比實際時間長，而看著藍色，則感覺時間比實際時間短。

科學家曾做過一個實驗：讓兩人中的一人進入粉紅色壁紙、深紅色地毯的紅色系房間，讓另外一人進入藍色壁紙、藍色地毯的藍色系房間。不給他們任何計時器，讓他們憑感覺在一小時後從房間中出來。結果，在紅色系房間中的人在四十至五十分鐘後便出來了，而藍色系房間的人在七十到八十分鐘後還沒有出來。有人說，這是因爲紅色的房間讓人覺得不舒服，所以感覺時間特別漫長。其實最主要的原因是，人的時間感會被周圍的顏色擾亂。

所以，如果你要進行洽談，那麼最好避免穿紅色衣服，不妨選擇一些色調柔和的衣服，這樣會使對方更加舒服一些。如果你要出席記者招待會等隆重場合，那麼一襲紅衣無疑是最吸引眼球的。因爲，紅色屬於暖色的同時，還屬於膨脹色，它可以使物體看起來比實際大。如果一位女記者身著紅色服飾，坐在一群身著暗色調的男記者中間，那麼她被允許提問的機率一定會更大些。

像紅色、橙色和黃色這樣的暖色都屬於膨脹色，可以將物體放大；

而藍色、藍綠色等冷色系顏色，則屬於收縮色，可以將物體縮小。而明度為零的黑色，更是收縮色的代表。為什麼女性穿黑色絲襪，我們就會覺得她的腿比平時細呢？實際上，這是利用了黑色的收縮效果，讓腿看上去比平時更細而已。

搭配服裝時，女性可以採用冷色系中明度低、彩度低的顏色，特別是下半身穿收縮色的衣服時，可以達到立竿見影的效果。如果女人下身的衣服為黑色，上身配其他收縮色的外套，那麼敞開衣襟後效果也很不錯。但需要注意的是，雖然黑色等於苗條，但是如果從頭到腳一身黑的話，會讓人感覺很沉重。因此，女人不妨選擇適合自己體型膚色的其他色調的上衣、外套，使自己的形象更加明朗一些，給他人留下朝氣靈動的青春印象。

總之，瞭解色彩的秘密和它所傳遞的心理效用，不但有助於女人得體地穿衣，還可以幫助女人從一個人的服飾顏色去判斷他的性格特點，從而對職場、人際相處產生不可忽視的作用。

6 高跟鞋墊起的不只身高，還有氣質

有人說：「高跟鞋是女人送給自己的『刑具』。」既然愛美的女人無法割捨掉高跟鞋，那麼就要學會如何利用高跟鞋來提升自己的魅力。

如果女人不會穿高跟鞋，那麼高跟鞋將不能爲女人增添魅力，首先，女人在選擇高跟鞋的時候，鞋子要稍微緊一點，不要太大，否則會因高跟鞋的不跟腳而扭傷腳，或者磨出水泡。而且剛剛嘗試穿高跟鞋的女性，挑選的鞋子不要超過十釐米，並且最好是平跟的。

其次，女人在穿上高跟鞋的時候，要注意的是自己的站姿。女人要想在穿著高跟鞋時站穩了，自己就需要把重心放對。會穿高跟鞋的女人應該知道：穿上高跟鞋時，女人應該把重心放在腳後跟上，並非前腳掌。穿高跟鞋時最好的站姿是「I」形，就是女人將從頭到腳的重心都貫注到腳上，從不同角度看，這個時候的女人總是美的。

最後，女人要會穿高跟鞋走路。女人在穿上高跟鞋之後，基本先是以繃直的狀體向前邁出、跨步，接著才是腳後跟著地。走路的時候，如果女人彎著腰、膝蓋向前跨步，那麼不但走路的樣子不美觀，而且可能導致重心出現問題。

女人穿高跟鞋走路的時候，要挺胸收腹、自然大方，不宜彎腰駝背，腳跟也要不時地向後移，如果腳趾使勁地往前衝，不僅難看，還容易受傷。

女人穿上高跟鞋，並不代表自己就有氣質了。要想走得有氣質，還需要平日裡多加練習。沒有哪個女人天生就會穿著高跟鞋走路。女人要想穿高跟時走得有魅力，不妨選擇適合自己的高跟鞋，記住走的要領，對著家裡的鏡子開始練習吧！

穿高跟鞋的時間太長，會感到腳酸，所以，愛美的女人要明白，高跟鞋是用來展現自己魅力的，而不是用來逛街的。如果你的腳沒有「練」到千逛卻不疼的程度，那麼逛街的時候請給高跟鞋放個假吧。如果穿高跟鞋腳太累，建議養成泡熱水腳的習慣。適當的按摩也可以舒緩腳的疲勞。

一個穿高跟鞋的女人絕對顯得比平時精神。一雙美麗的高跟鞋對於女人的重要性，絕對不亞於女人的胭脂水粉。

7 內衣是好身材的秘密情人

內衣是姣好身材的秘密情人。女人要運用獨特的造型創意和搭配巧思，讓內衣配合體型和心情。在不同的場合，需要用不同的內衣搭配適當的外衣，讓內衣與時尚外衣完美結合。如此，內衣不僅可以展現女人美麗非凡的氣質，更可以顯示穿衣者的品味。

同色系的內衣可使內衣與外衣相得益彰，有渾然一體的感覺。當然，罩杯的大小更不容忽視，比如罩杯太小而有贅肉凸出，是慘不忍睹的事。所以一定要選擇適當的尺寸。

低領口和方領口服裝多是緊身的設計，以突出優美線條和迷人的乳溝，因此要注意不可露出內衣肩帶。同時，與這類外衣搭配時，內衣應選用不會露出肩帶的四分之三杯，或無肩帶型的二分之一罩杯。

胸部單薄的人則必須選向上拉力強，下面有軟墊的式樣。因爲胸部單薄的女性需要提升胸高點，而不是僅僅加深乳溝，以展現乳房的弧度。身材豐滿的可選擇全身束衣，因爲它既能推高雙乳，又能收緊腹部和臀部的贅肉，增添女性的嫵媚。

穿T恤或針織衣物時，雙乳的線條會特別明顯，因此營造自然的胸部線條就尤其重要。無縫胸圍或全杯的設計最爲合適，既能防止胸圍線條顯露於T恤，又能給雙乳締造出更渾圓的造型。

漂亮的女人，除了注意飲食、運動外，穿上適合自己的內衣，不僅可以揚長補短、塑造美麗，而且會減緩身材的變形。但是如果內衣穿錯，則會破壞你的身材，所以女人有必要定期檢查一下自己的衣櫃。如果你有下面所說的這些內衣，就有必要把它們丟掉，更換新的內衣。

不合體的內衣：鬆鬆垮垮的內衣，穿著就像沒穿一樣，無助於你的體型；若是爲了突出曲線而穿戴過緊的內衣，不但會在身上勒出印痕，而且一段時間後，在內衣外的肌肉會慢慢形成贅肉。

款式不對的內衣：內衣的款式不同，功用也不同。如果女人忽視這一點，只考慮漂亮的外觀，那麼它會慢慢蠶食完美的身材。胸罩有全包式的、斜包式的、半包式的、有鋼圈及無鋼圈的，如果女人只注重內衣的顏色，或只爲它的花色所吸引，就有可能選錯款式。

內衣失去生命力：內衣在穿、洗、晾、曬的過程中，逐漸失去原來的功用。比如可能因爲洗滌不當造成變形，因而破壞它的原本功能。在內衣對女人起反作用時，它非但無法幫助女人修正體型，相反會破壞體型，因此，一定要及時更換內衣。

8 制服也能找到時尚

看似一成不變的制服套裝，只要略施巧思，也能找到時尚感。懂得時尚的女人，一定會把細節處放在首位。她們知道那些看似不起眼的領口細褶、腰間的飾品、胸口的掛鏈等，對於整體形象或者舉手投足間的風韻是多麼的重要。善於在細節上下功夫，就能把它穿得幹練又有氣質。

另外，職場上難免有各種應酬，如何一衣兩穿，同時兼顧上班的端莊與晚宴的嫵媚，這裡，我們爲女性提供幾種穿著參考。

經典單品：華麗感細肩帶背心加外套

一件設計與質地上乘的細肩帶背心，是上班女郎最值得投資的單品。搭配上班穿的西裝褲，足以應付一切社交場合。質感華麗的外套，搭配普通的黑裙或連身A字裙，可說是一切酒會場合的最佳裝扮。

經典酒會單品：連身裙

有人將它與香奈兒的小黑裙並列爲「二十世紀十大時裝發明」。連身裙最大限度地討好了女性的身材，無論女人是紙片人還是豐滿妹，穿起來都自有風味。白天，外面穿上外套，是再正常不過的上班服；脫下外套，又足可應付下班後商務應酬的著裝要求。

最不會出錯搭配：黑裙加配飾

黑色雖然經典，卻也極易埋沒在黑壓壓的人群中。想要豔壓群芳，就要在配飾上做文章。色彩豐富的長項鍊與手拿包相呼應，立馬突顯出個人風格來，豐富了黑色的層次與質感。

最偷懶技巧：百搭絲巾

最偷懶的辦法是，將亮色大幅絲巾或披肩搭在冷色系西裝外套外，雖不夠花心思，至少能應付那些不得不去的交際場合。不過請注意，要避免使自己顯得老氣，並且確保你的女性上司不會也這麼偷懶。

最低調優雅的著裝：白襯衫加半身裙

黑白配保險又不過時，不僅修飾身材，更增添一絲知性與優雅。當然，必不可少的還有出色的配飾，以及一雙得宜的高跟鞋。

除了細節可以讓女人更優雅之外，能夠讓制服具有活躍氣息的還有色彩。可以大膽地在黑白灰中，加入明亮的色系，試著把深灰、淺灰、灰藍、紫灰等色彩細微變化後搭配在一起，也可以在灰色系中加入檸檬黃、淺藍、淺粉等小飾品。比如有光澤的腰帶、絲綢感的飾品或者透明的紐扣等，都可以豐富死板的套裝。

現在，很多公司的員工通過自己ＤＩＹ制服來展現個人魅力。希望清純些的話，可以搭配蕾絲和白底黑圓點絲光圍巾。切忌搭配與外套相近的顏色，否則不僅會給人留下沒有個性的印象，也無法體現女性的職場氣質。天氣變冷的話，可以內襯黑色，選擇設計上有特色的毛衣，同樣會讓女性充滿女人味。

9 穿著要顧及自己的年齡和身分

西方學者雅波特教授說過：「在人與人互動行爲的過程中，別人只有百分之七是注意你的談話內容，有百分之三十八是觀察你的表達方式和溝通技巧（如態度、語氣、肢體語言等），但是卻有百分之五十五的注意力在判斷你的外表是否和你的表現相稱。」也就是說，女人的穿著打扮需要與實際的表現一致。所以，隨著年齡和身分的改變，女人的穿著打扮也應該與之相稱。女人要記住，穿著打扮永遠是你的第一張名片。

有的女人明明已經過了可愛的年紀，卻還喜歡穿公主類型的衣服，或在頭髮上戴一個可愛的蝴蝶結，常常讓人忍俊不禁。女人穿衣打扮要和自己的身分、年齡一起成長。每個年齡階段都有特定的穿衣打扮秘訣。比如：二十幾歲是清新亮麗的，三十幾歲是精美知性的，四十幾歲是從容優雅的，五十幾歲是雍容富態的，而六十歲後應該是淡然樸素的。

二十幾歲的女孩是朵剛剛綻放的鮮花，如果把自己打扮得老氣橫秋，結果只會適得其反。簡單的牛仔褲、一雙帆布鞋、T恤，就是最好的打扮。

及至初入社會，除了公司規定的制服之外，幾件時尚的套裝是必要的。但是，如果你沒有一定的領導地位，那麼在穿著上記得不要壓倒自己的上司，否則在日後的工作中，你可能會遇到麻煩。

一旦跨進三十歲的門檻，就應該和二十歲時的穿衣打扮說再見。這時候，在穿著打扮上可以朝知性的方面靠近，但也沒必要全身上下都是名牌。如果奢侈品過多，反而會令人覺得華而不實。裁剪得體的套裝是不錯的選擇。這個年齡層的女人切忌不要穿太過花哨的衣服，庸俗不說，還會感覺很浮誇。

三十幾歲的女人除了要特別注意衣服的顏色、款式之外，還要留意的是衣服的布料有無質感。此外，一些小細節也會在無形中加分；如精緻小巧的耳環，可以襯托成熟的魅力。

總之，不同的年齡層和不同的身分，穿著打扮也不一樣。一個四十多歲的女人，如果喜歡「裝嫩」，那麼不免讓人覺得可笑又可憐。因此女人在穿衣打扮的時候，要懂得配合自己的年齡和身分。這無論是對於女人自身的展現，還是心理上的需求都同樣的重要。

10 堅持感染時尚氣息

學無止境，學習穿衣打扮同樣不能一勞永逸。除了掌握基本的穿衣打扮規則之外，女人需要每年更新腦海裡的流行資訊。此外，隨著年齡的增長、身分的改變和體型的變化，女人必須不斷學習新的搭配技巧，去適應當下的自己。

不妨每個月翻閱至少三至五本時尚美容雜誌或者報紙，或是找個週末，逛逛品牌齊全的購物中心，進行有目的的購物，省時間又趕潮流。

其實，女人逛街並非只能打發時間，更多的是提升自己的品味。女人的審美能力，大多是逛出來的，沒有哪個女人天生對品味就有很好的理解。如果你的品味只限於自己狹小的空間，那麼你該出去逛逛了。

第二章　妝飾容顏，由內而外散發優雅魅力

1 讓你的眼睛會說話

我們常說眼睛會說話，尤其是勾人心魄的眼睛——優雅的女人恰好擁有這樣的眼睛，顧盼生輝的雙眸，實在是優雅女人無窮魅力的一大主要來源。

優雅的女人總是把描摹雙眼放在化妝的首位。對優雅的女人來說，化妝是很重要的；即使不仔細地化妝，起碼也打點粉底、描下眉毛、化

好眼妝、抹點口紅；即使粉底、眉毛都不顧，女人必須描描眼線、打打眼影，——如果必須在眼睛和嘴之間作出選擇，那麼絕大多數人會放棄嘴唇，選擇修飾眼部。由此可見眼妝在女人心目中有多重要。

優雅的女人認爲：美貌的表現形式，不是華麗的服飾和窈窕的身姿，而是甜美的微笑和明亮的雙眸。所以她們總會極盡所能地將自己的眼睛修飾得更有神采。

日常眼妝四大禁忌

- **睫毛糾結**。睫毛膏能讓眼睛更大更明亮，可是如果塗抹不當或是擦太多的睫毛膏，就會使睫毛膏堆積在睫毛上，搞得睫毛像「蒼蠅腿」一樣。這樣糾結在一起的睫毛，會讓人無比尷尬。
- **眼線顏色詭異**。畫眼線讓自己眼睛大一點，本無可厚非，但注意千萬別太誇張。諸如紅色、紫色等過於鮮豔的顏色，儘量用黑色或白色，因爲黑色會顯得眼睛大，而白色可以適當給眼睛提亮。
- **眼線太粗**。畫眼線，是爲了使自己的雙眼更加深邃、神采奕奕，但若是將眼線當眼影，畫得太粗，反而會弄巧成拙。

●**魔幻色眼影**。眼影的描畫應該儘量追求自然和諧，如果畫太具魔幻色彩的眼影（如墨綠色），會顯得很不自然。特別是對於亞洲人來說，對比強烈的色彩並不適合大部分亞洲人；相比豔麗的顏色，大地色系更適合亞洲人的膚色。

2可以不化妝，但必須會化妝

無論是「爲悅己者容」，還是爲了自己的漂亮，女人總是習慣坐在梳粧檯前，在臉上塗脂抹粉一番。可是大街上走來一個很漂亮的女孩，但臉被塗抹得五顏六色，你還能覺得她美嗎？或是晚上，對面走過一個臉很白、眼圈很黑的女人，你會覺得時尚嗎？所以女人可以不化妝，但必須會化妝。化妝並不是在自己的臉上調色，而是通過化妝，讓自己更加美麗。

化妝無疑給女人帶來自信美，不但可以遮蓋、彌補面容的瑕疵和不足，還可以讓女人的魅力倍增。無論是絢麗誇張的彩妝，還是清新脫俗的裸妝；無論是煙熏妝，還是烈焰紅唇，都有著別樣的風情。

根據臉型選擇合適的妝容

先確定自己是鴨蛋臉、瓜子臉、梨形臉、圓形臉、方形臉還是菱形臉。臉型不同，修飾的重點也不一樣。

梨形臉上窄下寬，可在兩腮較寬部位加深色粉底。

圓形臉十分可愛，卻缺乏立體感，應該在腮部和額頭兩邊用深色粉底拉長臉型；下巴和額頭中間則使用白色粉底，形成立體感。

方臉線條較直，下巴缺乏溫柔感，需在腮部和額頭兩邊打深色粉底，額頭中間和下巴加白色粉底，同時化點唇部的彩妝，表現出柔和的色彩。

長臉因缺乏柔和感，可以嘗試在腮部和下巴打上深色粉底，增加秀氣度。

菱形臉很有立體感，但顴骨較高，顯得尖刻。應用較重的腮紅在顴骨上造成厚重的陰影感，同時提亮加寬鼻梁。

修眉

畫眉可以修飾眉型，將過短的眉型加長。修眉時要避免眉毛粗鈍，宜拔除眉尾下緣，使之逐漸尖細。一般修眉的原則是拔下緣留上緣，如果眉毛太粗眉峰又高（**雖然這種眉型比較少見**），則應該將眉毛從上緣拔除。

若眉毛太稀疏，則切忌畫成僵硬的直線，不妨用細的眉筆劃成短短的羽毛狀，然後再用眉刷刷，使之近於柔和自然，不至於顯得太突兀。

眼妝決定整體效果

眼睛是臉部最富表現力的部位，漂亮的眼睛會給人留下美好的印象。適當的化妝能夠彌補缺陷，增添眼睛的魅力。

小眼睛的化妝技巧：在上下眼瞼畫眼線，把匯合處往外畫一些，並向上挑，使眼睛顯得長一些。眼影要塗在眼眉下面，而不是眼瞼上面。

深凹的眼睛的化妝技巧：下眼線畫得往外和往上一些。使用暖色或亮色眼影，塗在眼眉下，而不塗在眼瞼上。

圓眼睛的化妝技巧：從眼睛的內角開始畫眼線，眼線要向外延伸並向上挑。下眼線畫不畫都可以，眼影塗在眼瞼上和眼眉內半邊的位置上。

突出的眼睛的化妝技巧：上下眼線不要交匯，上眼線略微向上。在眼瞼上和眉毛下面塗咖啡色系眼影。

鼻子的修飾要顯示立體感

高挺的鼻子會讓整個面部生動、立體起來。但很多女人的鼻子都有或多或少的缺點，因此女人需要根據自己鼻子的特點，進行恰當、合理的修飾。

你可以透過加強色彩的明暗對比，使低塌的鼻梁顯得高一些。可以用深於膚色的淺棕色、棕紅色、紫褐色等，在鼻子的兩側形成陰影效果。在鼻梁上塗明亮的顏色，比如淺肉色，或者用淡粉紅加少量的白色與黃色，調成一種比皮膚明亮的顏色。如果用珠光型眼影，由於亮光的反射會使鼻梁突出，但塗抹的面積不宜太大，只需在鼻骨及鼻尖上輕輕塗，而且要符合鼻子本身的生理構造。

唇部的妝容

唇部的妝容，是一個女子臉上最靈動的一點。朱紅一點，光彩照人，平添無限妖嬈！

嘴型大的女性，則唇線要深，唇紅以暗紅為妙；嘴型小的，就把唇線擴大，唇線也可用豔紅色；嘴型過於鼓的，則選擇淺紅色，且不宜畫唇線；嘴型過於癟的，畫豔紅色唇線，就可揚長避短，增添幾分嫵媚。

唇彩與自己的臉型要協調。一般說來，胖圓臉型的人，嘴型輪廓都略顯厚小，所以可在嘴型的基礎上畫得大些、長些或稜角清楚些。瘦臉型的人，如果嘴型單薄且大，可將唇線的內邊緣畫得略圓一些。當然，對於這類嘴型的女性而言，唇峰宜圓，唇彩可用粉紅、淺胭脂紅、淺桃紅色等，令嘴型顯得略圓、顏色柔和。

不同膚色要使用不同的化妝技巧

白皙的皮膚應用較淺色的遮瑕膏及粉底。而大部分深色皮膚有色斑，需要妥善處理。比如，用比你的膚色淺兩度的遮瑕膏擦抹較深色或不均勻的部位；用不含油脂的液體粉底，且色調應比你的膚色淺；輕輕撲上蜜粉。

對於黝黑皮膚，粉底色系可選擇接近自己原有的膚色，以免跟脖子顏色產生色差。另外，黝黑皮膚很容易看起來膚色暗沉，所以可選擇帶有珠光的粉底，或是將顴骨、眉骨等凸出的地方打亮，營造透亮感覺。

3 髮型是女人一生的標誌

美國佛州州立大學的心理學家凱利．克萊恩博士，領導研究小組對五十名男子進行了一項調查：將同一名女子的髮型通過電腦分別處理成長、中、短三種樣子，結果絕大部分被測者都認爲長髮的女人最性感。

男人在感覺女人的吸引力時，也往往會從她的頭髮開始。有人分析，這是因爲從背後看女人，頭髮幾乎占了整體形象的一半；從前面看女人，頭髮也堪稱是「第二主角」。尤其是色澤、香味和動感的完美統一，成爲男人無法抵禦的誘惑。

與佛洛伊德齊名的性科學領域裡最早、最著名的先驅哈夫洛克．艾里士，曾經在他的著作《性心理學》一書中指出：「頭髮的誘惑力極大，它與性選擇的視覺、聽覺、嗅覺、觸覺均有關係。」百分之八十的男人都認爲長髮是女人味的源泉。他們對女人歪著頭撫弄頭髮的動作非常敏感，雖然可能很多女性都是出於無心，但是那種無意中散發的嫵媚與性感，會讓男人浮想聯翩。

同時，看到擁有一頭流光溢彩的青絲，男人也情不自禁地想要觸摸。俗話說：「女人看頭，男人看腰。」頭，指的是髮型和髮色。女人可以沒有華服，但是絕對不能沒有滿意的髮型。髮型就是女人臉部的相框，對女人的形象起到直觀的表現作用，因此有人說：「頭髮是女人的一面旗幟。」女人不僅需要用這面旗幟來表達自己的個性，還可以用它來表達內心的情緒。

聰明人能從女人的頭髮看出女人的品味，揣測出女人的心情——女人不論快樂或憂傷，幸福或痛苦，都免不了要在頭髮上做文章，而且樂此不疲。

這裡爲你提供不同臉型的髮型搭配參考。

●標準臉

特徵：整體臉部寬度適中，從額部面頰到下巴線條修長秀氣，臉型如鵝蛋。

這是長久以來被藝術家視爲最理想的臉型，有這樣臉型的你，無論什麼髮型都可以嘗試！如果你個性幹練，可以將秀髮剪短，打造一個帥氣的中性短髮，讓你的完美臉型盡顯無疑。

如果你的性格溫和，可以留一襲烏黑的長髮，完美臉型會在各式髮型中實現百變突破！

●圓形臉

特徵：從正面看，臉短夾圓，顴骨結構不明顯，外輪廓從整體上看似圓形。

有這樣臉型的你給人可愛、活潑的印象，並且看上去比實際年紀顯小！圓形臉比較適合頭頂處提高蓬鬆、而臉部兩側頭髮較爲拉長或拉低的髮型。因爲較長的髮型會有助於讓臉部看來修長；而頭頂蓬鬆感的頭髮，會加長整體臉部的線條，讓臉型看來不會那麼短和圓。

● **梨形臉**

特徵：腮部、下巴比顴部還寬，整體臉型成梨形。

要想掩飾腮部大額頭窄的缺陷，梨形臉的你比較適合燙髮。比如，頭髮上部分蓬鬆，下部分收縮的髮型，不僅能用秀髮遮擋腮部，還可以給人瘦削的感覺。

● **長形臉**

特徵：臉型比較長，橫向距離小，臉部輪廓成長方形狀。

如果你的臉型偏長又瘦窄的話，留厚厚的齊劉海，就可以掩蓋臉型太長的缺點。臉型過於瘦窄的問題，可以靠兩側頭髮的捲度來改善，兩側的髮根從太陽穴的位置開始就要有蓬鬆的感覺，這樣調整後，長形臉就變成瓜子臉了！

● **菱形臉**

特徵：面部較為清瘦，顴骨突出，前額與下巴較尖窄。

在做髮型時，你可將靠近顴骨的頭髮做前傾波浪，以掩蓋顴骨。將下巴部分的頭髮吹得蓬鬆一些，避免露出腦門。值得注意的是，紮馬尾或者盤髮都是不適合你的髮型！

●方形臉

特徵：臉型稜角分明，尤其是腮部骨骼平直有力，兩邊額角髮際線後退，與腮部形成方形四角。

將前額的頭髮斜斜地蓋下來、遮掉一側額頭或者整個髮型有點波紋，你都可以嘗試。不過要注意的是，如果你的頭髮很柔軟，就儘量不要貼著頭皮，因爲那樣給你的視覺印象會更像方形，對於一個女性而言，這樣的髮型設計自然就是失敗的。

4 飾品配搭，畫龍點睛

正如一個完美的女人如果沒有了眼睛，看上去就會沒有生氣，飾品起到了畫龍點睛的作用。

市面上很多飾品都物美價廉，關鍵是學會如何用不同風格和顏色的飾品，來完美地裝飾自己。

帽子的種類和搭配

相傳帽子是由巾演變而來的，南朝梁陳之間的顧野王在《玉篇》載：「巾，佩巾也。本以拭物，後人著之於頭。」在古代，巾是用來裹頭的，女性用的稱爲「巾幗」，男性用的稱爲「帕頭」。後周時期，出現了一種男女均可用的「襆頭」。原來的「襆頭」，是人們在工作時圍在頸部用於擦汗的布，用來防風沙、避嚴寒、免日曬，而後漸漸演變成各種帽子。

隨著時間的推移，帽子的種類越來越多，大致分為運動帽、圓盤帽、毛絨帽、圓頂窄邊帽等。而織帽布料的不一樣，又產生更多的變化。一起來看看帽子究竟有哪些種類吧，不同的帽子又應該如何搭配呢？

●運動帽

永遠是充滿青春活力的象徵，給人輕鬆、自然的印象！

春夏：適於各種T恤、襯衫，配牛仔褲、背心裙，或簡單的棉質洋裝。

秋冬：適合牛仔褲、牛仔衣、連帽大衣、棒球外套、大毛衣。

●圓盤帽

圓盤帽老少咸宜，不同質料的圓盤帽，幾乎適用於各式各樣的服裝搭配組合，不妨嘗試看看。

春夏：T恤、牛仔褲、格子衫、長洋裝、迷你裙、喇叭褲、連身洋裝都適合，是不是幾乎全員到齊了呢？

秋冬：牛仔外套、大毛衣、多層次洋裝……這麼說吧！除了不適合太正式或太運動的裝扮外，其餘皆適宜。

●毛絨帽

毛絨帽在冬天來說，完全起到又保暖又有型的作用。

秋冬：毛衣、格子襯衫、牛仔衣、連身大衣、棒球外套、緊身衫、小短裙。

項鍊

項鍊已經成爲女性必不可少的裝飾品了，許多女人雖然擁有各式各樣的項鍊，但並不一定清楚什麼款式是適合自己的。

項鍊佩戴在脖子上，不僅對脖子本身的形象會有影響，對臉型的襯托以及視覺改觀都會起一定的作用。因爲人的視覺在項鍊色彩的影響下，會改變對臉部皮膚顏色的感覺。

同時，項鍊的材質、造型以及佩戴後所形成的線條，也會對佩戴者的臉部形象產生影響。女人充分利用這種視覺錯覺的原理，去選擇和佩戴項鍊，獲得令人滿意的效果。

●脖子粗短的人

戴上細長的項鍊或帶有墜飾的項鍊，會使短脖子有拉長的感覺，因爲項鍊的「V」形線條所引起的視覺方向，有向下垂掛之感。

●脖子細長的人

不適合佩戴細長形項鍊，因爲這會使脖子細長的印象更明顯。頸鍊或粗短形的項鍊，效果會更好一些。

●圓形臉

不宜戴頸鍊或者由圓珠串成的大項鍊，如果佩戴長一點或帶墜子的項鍊，則可以利用項鍊垂掛所形成的「V」字型角度，來增強臉與脖子的連貫性。也就是說，以脖子的一部分與臉部相接的方式，使臉部的視覺長度有所改變。

●方臉

如戴上一串漂亮的項鍊，可以緩和其臉型的方正線條。如果佩戴串珠項鍊，珠形則應避免菱形或方形。

●三角形臉

特徵是額部窄小、下頷部寬大。佩戴項鍊時，可以採用長項鍊。因爲長項鍊佩戴後所形成的倒三角形態，有利於改變下頷寬大的印象。

●倒三角形臉

一般呈現出的特點是：額部寬大飽滿、下頷尖瘦。這種臉型由於接近理想的橢圓形，所以佩戴項鍊的範圍比較大，無論長短、粗細都可以。但如果下巴過尖，則在佩戴項鍊時慎用帶尖利形掛件的項鍊。

●長臉

不宜戴長項鍊或有墜子的項鍊。因爲項鍊下垂後形成的長弧狀，容易使脖子與臉部連在一起，加深長臉的印象。短而粗的項鍊、頸鍊比較適合長臉型。

●臉型窄而瘦

如果表情也很冷漠，最好不要戴黑色項鍊，以免過於冷峻。如果戴上淺色的、閃光型的項鍊，可以使面部顯得豐滿，並增添幾分活躍的氣息。

●皮膚白皙細膩

佩戴任何顏色的項鍊都很好看。如佩戴白金項鍊、珍珠項鍊等淺色調項鍊，顯得高雅；如果佩戴琥珀、黑耀石、紫水晶、深色瑪瑙等深色調項鍊，皮膚會被襯托得更加完美。任何顏色的項鍊，在白色皮膚的對比下，都會更有光彩。

●膚色深

在佩戴項鍊時，要謹慎地選擇。一般不宜佩戴淺色調的項鍊，因爲在淺色項鍊的對比下，膚色會顯得更深。如果臉色是黑裡偏黃的，那麼琥珀、瑪瑙、金、紫銅等色彩較好。因爲這些項鍊的顏色呈黃色調，比膚色要深，可襯托皮膚。

如果膚色爲黑裡透紅，那麼金項鍊、黑曜石項鍊、紫水晶項鍊較適合，綠寶石、翡翠等綠色調的項鍊會使皮膚更紅黑。在大多數情況下，黃金、白金、鑽石項鍊都容易與各種膚色相配。

包包為你的整體造型加分

選擇一個合適的包包來搭配你的造型，能爲你的整體造型加分不少。但選錯了包包，不但不會爲你的造型增色，反而會讓造型看上去十分失敗。因此女人在注重服裝的同時，包包的搭配也十分重要。

●穩重型

這一類的包包比較適合上班族，顏色多以黑、咖啡、單色系或者深色格紋爲多。白領工作時需要穿著西裝，且衣服的色彩多是黑、白等色系，因此選擇的包包在款式和細節上應具有鮮明的風格，比如流蘇、鉚釘、金屬鏈等細節，能爲一身沉悶的色彩增加亮點。

●休閒型

這種包包比較隨意，以斜背包、肩包爲主，適合外出逛街、郊遊。這類包包的體積一般比較大，有充足的容量，面料上多以帆布、牛仔爲主。這類包包也非常適合DIY，喜歡徽章、掛飾的女生，可以盡情地施展你的搭配才華。

●奢華型

這種包包使用的機會相對比較少，一般用於宴會、舞會、婚禮等場合。在面料的選擇上，可以選擇綢緞、珠片等華麗閃亮的材質。款式上以手拿包爲主，體積小巧，可以盡顯女性的端莊、優雅。

●明朗型

這類的包包，顏色豐富且鮮豔，在春夏兩季使用比較頻繁，因爲在這兩個季節中，女性的穿衣色彩多以淺色爲主，正好搭配色彩豔麗的包包。這類型的包包最好不要選擇過大的款式，色彩豔麗的大包與歐美人高挑的身材和膚色更配，亞洲人卻很難背出那種風格，所以最好還是選擇小巧的款式。

●**可愛型**

這類包包的特點是：款式新穎、樣式可愛、可供活潑、外向的女生們使用，且無需搭配任何掛飾，因爲包包本身已經足夠可愛。

5 香水是無形的裝飾品

女人的優雅除了表現在穿著和修養方面，香水也是一個不可或缺的元素，它是無形的裝飾品。

善用香水，則能掌握一種征服的「軟」力量。與有形的修飾不同，它在空間上更加迅速有效地改變一個人的形象，使得氣質更加高雅，精神更加飽滿。

香水與性格

一位香水業的專家說：「要想學會選擇香水，首先應瞭解你自己是屬於哪一種類型的人。」

如果你是辦公女郎，可以選擇如橙花、玫瑰花之類的香水，女性的知性美在你的身上絕對能夠完美體現。

如果你是性感女神，那麼能夠激發男人最原始本能的香水再合適不過，比如混合了茉莉、玫瑰、檀香等香味的香水，其花香味馥郁甘甜，只有懂得生活、有生活歷練的女人，才能淋漓盡致地發揮其魅力。

如果你是一位高貴自信的女人，不妨選擇紫羅蘭且伴有淡淡的橙花、玫瑰香味的香水。這類香水在前調、中調和後調的香味中，令你時而嫵媚撩人，時而清新脫俗，時而充滿活力。如迷霧一般難以捕捉，是致命的誘惑力。

如果你是一位甜美俏佳人，可以選擇的香水是葡萄柚、香檸檬，輔以小蒼蘭、鈴蘭混搭而成的味道。或是添加檀香、琥珀和白麝香等「性感」香氛，讓你在乖順之中又增添性感之美。

香水與場合

按香精含量和香氣持續的時間，可將香水分為四種，即濃香型（香精含量為百分之十五至二十）、清香型（香精含量為百分之十至十五）、淡香型（香精含量為百分之五至十）和微香型（香精含量為百分之五以下）。它們的香氣持續分別爲五至七小時、五小時、三至四小時和一至二小時。

按照常規，濃香型的香水適合在宴會、舞會、演出等晚間較爲正式的活動場合中使用；清香型的香水適用於商務場合，比如洽談、會商等；淡香型的香水適合工作場合；微香型的香水則適用於休閒場合，比如散步、旅遊。

出席不同的場合，應選擇適合的香水類型。

香水與季節

香水在不同的季節也有不同的用法。比如，早春適合選用花香型，晚春使用果香型，更能給人新鮮感。夏季以清淡型香水爲主，香水宜少灑、勤灑，只要經常保持愉快的淡淡香氣即可。秋季則是各種香型都適合，沒有嚴格的選擇。到冬季，選擇香氣濃郁一點的花香會給人溫暖、熱烈的感覺。

如果你是一位運動達人，最好選用無酒精香水或者運動型香水，否則在跑步或者逛街之後，汗水與香水的混合會讓人對你敬而遠之，是個非常失敗的用法。

香水與用法

可可．香奈兒說過：「不用香水的女人沒有未來。」同樣，不會用香水的女人也沒有未來。

最適合噴香的部位：

● **耳後**：這裡是女性擦香水時最普遍選擇的部位，體溫高又不受紫外線的影響。

● **後頸部**：如果是長髮，可以用頭髮蓋住，避免紫外線的照射。但是，這裡屬於皮膚較敏感的部位，要視個人的狀況而定，請慎重使用。

● **頭髮**：在髮梢抹上香水，只要輕輕擺頭，就會洋溢著迷人香氣。但是與人聚餐時，這裡最好不要擦香水。

● **手肘內側**：手肘內側屬於體溫高的部位，只要移動手肘，就會散發出芬芳的香氣。

● **手腕**：秘訣是把香水擦在靜脈上，這個部位的體溫較高，又經常活動，是香氣很容易散發的地方。

● **腳踝**：在腳踝上方肌腱內側擦上香水，每次輕移蓮步時便會散發出淡淡的幽香。

6 守護冰雪肌膚

我們的肌膚經常暴露在風、空氣、煙霧、灰塵的污染之中，還會受到太陽光的侵害。此外，皮膚還受到季節變化、飲食、藥物等各種因素的影響。因此，女人要想擁有乾淨而富有彈性活力的肌膚，必須懂得養護自己的肌膚。

首先，要分清自己的膚質，採用適合自己的臉部保養方法。

油性膚質的肌膚，皮脂分泌較旺盛，需要清爽型的化妝水。化妝水應有保濕的作用，但是，擦完化妝水後記得要抹上清爽乳液。若有收斂水，擦上後，會有助於收縮毛孔。如果使用控油的產品，則可免掉收斂水，直接擦上化妝水與乳液即可。

乾性肌膚適合用保濕滋潤型的保養品，並切實做好基礎步驟中的乳液及精華液的保養。如果你的肌膚既缺水又缺油，就必須使用含油分的乳液。在乾燥的冬天裡，最好養成敷臉的習慣以加強保濕。夏天裡，只需要注意乳液、精華液的補充即可。另外，眼睛部位容易乾燥，別忘了用眼霜呵護。

中性肌膚的保養相當簡單，只要切實做好基礎步驟即可。平時稍加留意肌膚的柔軟，將化妝水改爲收斂水，輕拍於臉部，收斂毛細孔即可。此類膚質本身的保濕能力沒有問題，若過度使用高效保濕營養品，反而容易引起反效果，使肌膚的保濕能力降低。

混合性肌膚同時擁有油性與乾性兩種膚質。此類膚質必須特別注意臉上的兩個部位，一個是T字部位，一個是臉頰。所以，必須對T字部位進行適當的控油，臉頰部位則必須注重保濕。

其次，不同季節有不同的氣候特徵。

春季：

對皮膚來說，最明顯和直接的外界刺激就是陽光。清潔是首要的工作，臉部清潔後，勿忘拍上爽膚水和適當的面霜，以保護皮膚。此外，防曬工作也不容忽視。與此同時，切莫忘記飲食中的營養攝取，多攝取雞肉、牛肉等動物性的蛋白質以及維生素Ｂ，對保養皮膚有很大的裨益。

夏季：

很多女性朋友只將夏日的強烈陽光列爲皮膚剋星，卻忽視了汗水的可怕。汗水接觸皮膚後，會提升皮膚的ＰＨ值，使其呈鹼性，抑制皮膚表面細菌衍生的功能便會減弱，因此皮膚炎、斑疹等症狀在夏日裡最爲常見。

清潔是不容忽視的事。除了早晚的清潔外，如有需要，也可以在外出後作面部清潔，再拍上酸性化妝水，以中和皮膚的鹼性和補充水分。

很多女性朋友認爲大熱天塗面霜會令皮膚油膩，更容易沾上灰塵，事實上，面霜除了有滋潤皮膚的作用外，也有防止皮膚水分流失的功能。只要挑選水分較高的面霜，便不會有油膩的感覺。現在很多面霜都兼具防曬功能，不妨根據防曬系數（SPF）的數值作出選擇，數值愈大防曬效果便愈好，有效時間亦較長。

夏日炎炎，汗水長時間停留在皮膚表面，會被皮膚上的細菌所分解，從而發出惱人的異味。外出後，必須給身體肌膚做徹底清潔，也可以利用止汗劑以消除難聞的汗臭。

秋季：

秋季接觸直射陽光的機會減少，所以已變厚的角質層會漸漸恢復本來的厚度。此時，因爲多餘的角質層會剝落，所以肌膚表面會形成脫屑現象，但很多人誤會是天氣轉涼，皮膚缺乏水分而產生脫皮。要使受損的肌膚恢復光彩，便要加強新陳代謝的功能，使皮膚恢復正常狀態。去角質有助於去除死皮，按摩和做面膜可促進血液循環，增強新陳代謝。此外，充分攝取維生素A和蛋白質，可加速恢復原來健康的皮膚狀態。

冬季：

冬季皮膚會因爲寒風、冷水和室內暖氣等交替影響，而使微血管收縮，養分不能充分地輸送到皮膚的表層，同時，汗腺和皮脂腺的功能減弱，分泌減少，皮膚因缺乏滋養而變得粗糙，容易產生皺紋，肌膚異常乾燥，缺乏彈性，這種情況對於乾性皮膚的人最爲明顯。

護理冬季的皮膚，必須在臉上塗抹保濕性強的營養霜以防止乾燥，尤其是手部、足部。與此同時，可借助按摩促進血液循環，使養分能充分送往皮膚的表層。此外，飲食營養要全面，特別要注意增加飲食中維生素的含量，少食刺激性的食物，更不能爲了節食而完全排斥脂肪的吸收。

不同年齡的女性，應有不同的護膚重點。

二十歲：這個年齡的皮膚細膩光滑，除非有青春痘等問題，一般不需要特別護理。如果是油性皮膚，應早晚用洗面乳徹底清除面部污垢。寒冷或乾燥的季節可選用乳質面霜以增加營養。

二十至三十歲：注意預防皺紋的產生，爲了防止皺紋的產生，可選用保濕類護膚品。

三十至四十歲：防止皮膚光澤黯淡。這個階段，皮膚很容易出現光澤消退的情況。除了清潔和規律的生活方式之外，還應有一整套的系統保養品。可選用果酸類護膚品，以清除皮膚表面的死細胞，促進新生細胞的生長。

四十至五十歲：注意補充皮膚養分。由於激素平衡失調，皮膚水分流失，這個階段的臉部皮膚會變得鬆弛，於是及時補充水分和營養非常重要。應選用防皺、補水和再生類護膚品。爲防止眼周及嘴角魚尾紋產生，應使用維生素E面膜或膠原蛋白類面膜，並輔以按摩。

五十歲以後：補充水分、營養，與進行再生細胞的處理。此時，皮膚的膠質及彈性蛋白減少，皮膚細胞再生能力減退。平時除了清除壞死的表皮細胞外，應選用優質防皺、能增強皮膚新陳代謝的抗衰老護膚品。早、晚堅持使用，以彌補更年期中被破壞的平衡。

7 打造完美的嘴唇

雖然我們沒有像安潔麗娜裘莉那樣豐滿、迷倒眾生的雙唇，但只要多下些功夫，一樣可以讓你的嬌唇鮮嫩。

讓雙唇質感更水潤

與身體其他部位的皮膚相比，嘴唇的厚度只有它們的三分之一，很多不經意的小習慣，會使嘴唇受到嚴重的傷害。比如舔嘴唇，你以爲這樣就可以使嘴唇得到水分的滋潤，從而減輕乾裂症狀嗎？其實，這個動作只會帶來短暫的濕潤，而這些水分蒸發時卻會帶走嘴唇內部更多的水分，結果是越舔越裂也越痛。

又如，雙唇乾裂後一般會起皮，這個時候你可千萬別用手撕扯，不妨將潤唇膏敷在嘴唇上面，然後用熱毛巾覆蓋，再用指腹輕輕按摩雙唇，這樣可以加速唇部血液循環，使雙唇變得潤澤。

讓色澤更誘人

夏日的曝曬、經常化妝卻卸妝不徹底……這些都可能讓你的雙唇顏色黯淡。多吃含有豐富維生素的蔬菜和水果，或適量服用維生素B、C、E片，這些都可以幫助你改善唇色黯沉。此外，要注意選擇嘴唇專用的卸妝產品，按嘴唇的紋理進行徹底清潔。

讓保養成為習慣

堅持每週一次的嘴唇保養，你會收到驚喜。準備一條乾淨的毛巾、凡士林、唇膜（可以用剪成嘴唇形狀的保鮮膜代替）、潤唇膏和軟毛刷。首先，把乾淨的毛巾在熱水中浸濕，將熱毛巾敷在唇部約五分鐘，以軟化唇部的角質層，讓嘴唇更有效地吸收營養。然後在唇部厚厚地塗上一層凡士林，再用軟毛牙刷輕輕擦拭唇部，以祛除老化角質層，促進唇部的新陳代謝。

接著，需要做的是唇部按摩。將凡士林抹在嘴角，用中指及無名指的指尖，由上唇中央沿嘴巴輕按至下唇中央，重複動作五次，可以進一步促進唇部皮膚對營養的吸收。最後，敷上唇膜。如果沒有唇膜，可以在嘴唇上塗上厚厚一層潤唇膏，然後把保鮮膜剪成嘴唇的形狀，敷在嘴唇上，再用熱毛巾覆蓋。這樣，唇部的皮膚可以更充分地吸收營養。十五分鐘後，用濕紙巾將嘴唇擦乾，再塗上潤唇膏。

護唇小細節

● 晚上刷完牙，可用牙刷輕輕在嘴唇上移動，或用手指按摩唇部周圍。這些方法可以刺激血液循環，收緊嘴部輪廓，防止肌肉鬆弛。

● 也可以利用蒸汽去解決嘴唇角質和翹皮的問題。用熱毛巾熱敷，可以輕鬆解決小翹皮和細小的皺紋問題。

● 蜂蜜中含有的天然保濕成分，十分適用於滋潤和保護唇部，可以將蜂蜜薄薄地塗在嘴唇上以及嘴唇周圍，然後用手輕輕拍打，促進吸收。

- 防止唇部乾燥脫皮最簡單又經濟的方法就是塗抹凡士林。將沾滿保濕化妝水或保濕精華液的化妝棉貼在唇部，也是一個好辦法。如果沒有唇部專用的護理品，用眼部產品來代替，效果也不錯，畢竟眼睛周圍的皮膚和唇部一樣十分敏感，而眼部產品無刺激性的特性也很適合唇部。
- 挑選含有金盞草及甘菊精華成分的潤唇膏，這兩種成分能舒緩乾裂的雙唇。
- 橄欖油也可以用來滋潤嘴唇。在睡覺前，你可以把橄欖油薄薄地塗在嘴唇上，十五分鐘後擦去，滋潤效果很不錯。不過要注意擦乾淨，不要把它沾到枕頭上。

8 美頸，如天鵝般優雅

女人的脖子是一塊露出身體的玉，無論正面、側面還是背面，都具有別樣的吸引力。

優雅的女人，脖子應該有著優美的曲線。在歐洲，出身高貴的女人特別強調這一點，因爲這樣的脖子給人天鵝般高貴的感覺。很多舞蹈如芭蕾舞、拉丁舞，都特別強調挺胸、抬頭，讓下巴驕傲地揚起，拉長頸部的線條，讓人覺得挺拔而優雅。

美麗的脖子還應該是圓潤、白皙、光滑的，觸之如絲絨，切忌有明顯的頸紋。頸紋深、多，女人容易顯老態。

如果與臉部相比，頸部的皮膚更加細薄脆弱，皮脂腺和汗腺的分佈數量只有臉部皮膚的三分之一。皮脂分泌較少，保持水分的能力弱，便容易乾燥老化，加之頸部經常處於活動狀態，更使頸部肌膚容易出現鬆弛和皺紋。有人說：「數一數女人頸部的皺紋，就知道她衰老的程度。」如果沒有儘早保養，容易導致女人未老，頸卻先衰。

女人的脖子是一個非常性感的部位。連接脖子的耳垂部，是女人腺體較為發達的部位，常常散發著女人獨有的體味，往往特別能夠深深地誘惑和吸引男人。懂得情調的女人喜歡在這裡點一滴香水，讓氣味更加迷人。

多做頸部旋轉、拉伸運動，不但有助於塑造頸部曲線，還可避免因下巴皮膚鬆弛、脂肪沉積而形成雙下巴，令頸部皮膚富有彈性，而且也可緩衝頸部肌肉與皮膚的疲勞感。頸部運動方法為：頭交替著做前俯和後仰；分別向左側和右側擺動；從左至右旋轉，再反方向從右至左旋轉；用頭部畫大圈，帶動脖頸全方位轉動。

9 別忽略手部的保養

青蔥玉手是女性美麗的標誌。一雙修長、細膩、紅潤的纖纖玉手，不僅給人以纖柔、靈巧之感，還會展現出女性的魅力。因此，追求完美的女人除了要有一張細緻的面孔，更要擁有一雙光滑亮澤、白嫩紅潤的玉手。

一個美女的手指要纖細，指甲也要修剪得整齊。手指纖細的人多半相當聰穎，尖細的指尖表示具有智慧；而肘部豐滿、手臂圓潤的人容易成功。最理想的手指應該是指頭尖和手指細、長、柔嫩。符合這些條件的手指便是「玉指」。

除了手指外，美人的手臂還必須細白、柔嫩，如凝脂般豐滿圓潤而富有彈性。這種手臂被形容爲「皓臂」「素臂」，皓、素都是「白皙」的意思。女人一雙溫婉纏綿的手，可以給男人奇妙的觸覺反應；一雙修長漂亮的手，是男人眼中一道美麗的風景線。

女人一雙靈巧智慧的手，可以傳達出意志與情感，從而可以慰藉男人的心。因此，女人的手可以從男人的視線裡直接昇華到心靈。女人的手有著豐富的意蘊，像一件天然的藝術品，令藝術家們癡迷、陶醉，爲此創造出了不可計數、寓意深刻的藝術品，因此優雅的女人從來不會忽視對手部的保養。

美手，從美甲開始。要想有一雙美麗的手，就必須經常修理指甲，才能使得手指看上去美麗動人。

10 做個優雅的睡美人

女人經常熬夜，膚色會變得暗淡，臉部皺紋會增多。因爲睡眠不足，皮膚細胞的種種調節活動便會受到阻礙。比如血液循環不良時，水分和脂肪分泌會過少，皮膚也易乾燥，從而產生皺紋。愛美的女性如果想擁有美麗健康的皮膚，請不要經常熬夜。

「我去睡我的美容覺了。」這是現在挺流行的一句話。這句話可不是無故流行的，因爲充足的睡眠確實是最省錢、最有效的保養方法。

拜倫說過：「早睡早起最能使美麗的臉鮮豔，並降低胭脂的價錢——至少幾個冬天。」由於工作壓力大，現代女性似乎都缺少睡眠，但睡眠對一個人的肌體和美容至關重要。可以說，任何化妝品和飲食都比不上睡眠對肌膚的保健作用大。

人的睡眠要經過幾個階段：深度睡眠、做夢和淺度睡眠。在深度睡眠過程中，人會徹底放鬆並很難被喚醒。第一個深度睡眠階段，是在睡著後不久就達到的，因此剛入睡時的睡眠是休養作用最好的，而越晚睡覺，深度睡眠的時間越短。

一個成年人的深度睡眠，只占其整個睡眠時間的百分之十五到二十，平均九十分鐘。所以女性更應珍惜這段時間，讓它給肌體充足的休息時間，借睡眠來保持美麗的容顏。

美容覺前準備

臨睡前，你知道該做些什麼準備嗎?

準備1：洗個熱水澡，並進行臉部肌膚深層清潔。

準備2：聽點柔和的音樂有助於睡眠，易失眠的人，不妨在睡前喝杯牛奶。

準備3：爲自己點上一盞香薰燈吧!淡淡的香，讓你步入美夢，第二天起來後，臉會滑滑嫩嫩的。

除了以上三個準備外，再補充一點：要平靜度過臨睡前的一個小時，千萬不要做劇烈運動，也別想令你興奮的事情，更不能想令你心緒不安的事情。

精神方面，夜晚也要進行垃圾清除的工作。睡眠的姿勢正確，品質才會高。做夢是一種好現象，白天的刺激、印象和經歷，通過夢的加工，有擺脫緊張、重新達到內心平衡的作用。

最佳美容覺時刻表

遵循美容覺排毒時刻表，會讓你越睡越美麗。人表皮細胞的新陳代謝最活躍的時間是從午夜至次日清晨兩點，徹夜不眠將影響細胞再生的速度，導致肌膚老化。因此，女士們要想保持臉部皮膚的美麗，務必養成在午夜十二點前入睡的習慣。這樣才能有效去除毒素，保養肌膚。

排除妨礙美容覺的因素

要想提高睡眠的品質，就要排除以下不利於睡眠的因素：

●**手機**。長期接觸電磁波，會影響神經系統與生理功能（褪黑激素分泌降低），從而影響睡眠，所以睡前要遠離手機。

●**手錶**。手錶以及睡眠時能夠給人帶來束縛感的衣物都要脫掉。電子錶有微量電磁波，石英表和夜光錶含有鐳輻射，長期累積可能會影響神經系統，導致不易入睡。

●**胸罩**。研究指出：每天穿胸罩超過十二小時者，比短時間穿或不穿內衣者，罹患乳腺癌的機率高出二十倍以上。原因是胸部組織受到壓迫，會導致淋巴液流動受阻礙，使毒素停留在胸部。

●**彩妝**。帶妝入睡會阻塞毛孔，影響油脂分泌，容易滋生粉刺，影響細胞代謝，加速臉部肌膚老化，所以女人睡前要充分卸妝。

時常睡個美容覺，不用昂貴的化妝品，肌膚也能漂亮非凡。掌握優質睡眠技巧，就能輕而易舉睡出紅潤的膚色。

第三章 卓爾不凡，舉止行為體現優雅修養

1 優雅，從站姿開始

一個人未開口之前，他的站姿可以體現出他的禮儀修養。在生活中，只要留心觀察，你就會發現人們的站姿千奇百怪，有邊站著邊抖腿的；有雙手交叉抱臂而立的；有無精打采，勉強撐著軀體站立的……

標準的站姿是：抬頭、挺胸、雙手自然下垂，雙肩自然放鬆，雙腿直立，保持V字式腳位不動。在商務交際的任何場合，保持這樣的站姿

絕對沒錯，而要練好這樣的站姿可不簡單。最方便易行的就是，每天靠牆站立。最好有一面鏡子，你可以對照鏡子裡的自己，逐一修正自己的動作，一套完整的動作保持十分鐘左右。

如果有類似的情況在你身上出現，請及時修正：比如兩腿交叉站立；臀部撅起；雙手或單手叉腰；無精打采，東倒西歪；攀肩勾背，雙臂交叉抱於胸前；探脖、塌腰、聳肩；頭部左偏右斜；雙手插入衣袋或褲袋中；身體抖動或晃動，或下意識地做小動作，比如玩弄小物品、不停地撥弄頭髮、咬手指甲等。

場合不同，對於站姿的要求也有所不同。在非正式場合，站姿可以稍微隨意一點，爲了避免呆板，你可以靈活變動，比如雙腳可以選擇併攏或一前一後。肌肉保持放鬆，但整個身體應保持挺直。在向人問候或者作介紹的時候，不論是握手還是鞠躬，身體的重心都應當在中間，雙腿保持挺直。

乘坐交通工具時，站姿也要注意。無論是公車、地鐵還是商務乘車，都要注意相應的站姿禮儀。身子要挺直，臀部略微用力，小腹內收，不要駝背彎腰。雙腿應儘量伸直，而膝部不宜彎曲，應當稍向後挺。雙腳張開一定的距離，重心要放在腳後跟與腳趾中間。不到萬不得已，叉開的雙腳不宜寬於肩部。頭部以目視前方爲最佳。和你的客戶在一起時，要保持一定的身體距離，免得誤撞到對方。同時，盡可能地保持安定感，最好不要在行車中頻繁搖晃身體，這樣會給人不夠穩重輕浮的印象。

古人云：「行如風，站如松，坐如鐘，臥如弓。」優美站姿不是與生俱來的，需要後天的培養與訓練。下面介紹兩套優美站姿的訓練方法。

單人訓練法

- **提踵**：腳跟提起，頭向上頂，身體有被拉長的感覺，注意保持姿態穩定，練習平衡感。
- **頭頂書**：這是模特兒們入行時必修的課程，普通人也可以用來訓練重心和身體挺拔。

● **背靠牆**：當你覺得頭頂書站立還有困難時，不如從背靠牆站立開始。將後腦勺、肩、臀、腳後跟貼著牆面，呈一條直線，用前面調整身形。這時，你會發現身體立刻就站直了，記住這種感覺，並將其應用在日常生活中。

雙人訓練法

你可以和好姐妹一起訓練。這既可以增進友誼，又可以避免因枯燥而導致半途而廢。動作是：二人背靠背站立，要求兩人腳跟、小腿、臀部、雙肩、後腦勺都貼緊，每次可堅持訓練十五至二十分鐘。

2 坐姿，顯示出高雅莊重

坐姿，是優雅女人的必修課之一。坐姿不僅能展現出女人的形體美，更能展現出女人特有的氣質。坐姿不好，會直接影響一個人的形象，決定著你是一位高貴優雅的女神，還是一個缺乏教養的女人。

入座姿勢

一般來說，優美入座的正確姿勢是：自然輕鬆地走近椅子，左腳放在椅前中央，向後半轉身，屈膝慢慢坐在椅子上，兩腳合起並往右邊挪一挪，左腳置於右腳後面。這就是最優美的坐姿。

如果在公共場合，椅子的擺放爲背靠背式，那麼入座時的坐姿應是：側身走到椅前，背對著站立，右腿後退一點，以小腿確認椅子的位置，最後順勢坐下。必要時，可一隻手扶著椅子的扶手，既能保證椅子平穩，也不會影響別人。特別要注意的是，入座時動作要輕柔，不要把椅子弄得吱吱作響，惹人反感。

優雅坐姿

坐下來後，身體的重心應平穩地落在椅子上，頭部要正，不要左顧右盼，應與地面相垂直。在你埋頭工作時，如果要回答別人的問題，你一定要抬起頭來面向對方給予答覆。這是對別人最起碼的尊重。另外，在與人交談時，要保持面向正前方或面部側向對方，用後腦勺來「招呼」人是十分不禮貌的方式。如果坐的時間比較長了，身體可以略微傾斜一下，但頭一定要對著他人，雙腿交叉，會顯得優雅。

身體要保持正直，不要將椅子或者沙發坐滿，只坐一半，這樣才能保持自然端莊的坐姿。坐的時間比較久時，可以把頭靠在椅背上，但注意不要雙腳伸直，成半躺半坐狀。當然，也不應把頭仰到椅背後面，這樣有失文雅。如果是工作時，椅背能不靠就不靠，以坐出精神飽滿的姿勢。

坐下以後，雙手的位置一定要擺放正確。可將兩手分別放在兩條大腿上，也可以將雙手重疊或相握後放在併攏的兩條大腿上。側身和人交談時，通常要將雙手疊放或相握後，放在自己側身朝向的那條大腿上。需要注意的是，不要將手插進雙腿內側。著裙裝的女士與男士對坐時，爲了避免因不小心而「走光」的尷尬，可以把隨身帶的物品，如包包、文件等置於身前併攏的腿上，再用雙手握住物品，能夠達到很好的「保險」效果。

離座姿勢

要做示意。有事情需要離開座位時，先用語言或動作向身邊的人示意，隨後再起身。

看身分，定先後。和別人同時離座時，如果自己的地位高於對方，向對方示意後，可先行離座；如果自己的地位低於對方，則應該稍後離座；如果對方與你的地位相同，則可以同時離座。

100

在社交場合中，女性只要意識到自己的一舉一動都在別人的「監督」之下，就能時時注意約束自己，在潛移默化之中漸漸養成優雅的坐姿習慣。

3 走姿，展現風度和活力

無論是在日常生活中還是在社交場合，走路往往是最引人注目的身體語言，也最能表現一個女人的風度和活力。一些穿得很漂亮，長得很美的女孩，走路卻邁著八字，或者低頭駝背，或者左顧右盼、扭腰擺臀、勾肩搭背，實在惹人反感。

不管是男人還是女人，走路都要端正、目視前方，不要左顧右盼、回頭張望，不能把手插在衣服口袋裡，尤其是褲袋，也不要掐腰或倒背著手，因爲這些都很不美觀。特別是女人，一定要在行走中體現女性的陰柔之美，步態要自如、勻稱、輕盈，顯示出含蓄之美。

優美的走路姿勢不但體現了女性的儀態美，而且也會讓人產生一種信任感。要形成優美的走路姿勢，應注意以下幾點要求：重心要穩、路線要直，步幅適中、擺動協調。

要想掌握優雅的走路姿勢，可以進行以下練習：

● 擺臂練習

併腿站立，頭部、上身保持正直，兩臂自然垂於體側。右臂向前擺，同時左臂向後擺，接著左臂向前擺，而右臂向後擺，手臂前擺約三十度，後擺約十五度，重複三十次。

● 原地踏步練習

併腿站立，頭部、上身保持正直，兩臂自然垂於體側。右腿支撐，抬左腿，同時右臂前擺左臂後擺，然後左腿伸直落地支撐，抬右腿，同時左臂前擺，右臂後擺。重複三至五分鐘。還可以在頭上平放一本厚書，踏步時書沒有掉下來，則說明你的上體姿勢保持得很好。

● 向前走步練習

併腿站立，頭部、上體保持正直，兩臂自然垂於體側。右腿支撐，抬左腿往前移動，然後重心移到左腿，左腿支撐，右腿大腿帶動小腿向前邁。擺臂要求同上。重複三至五分鐘。當然，也可在頭上放一本厚書進行練習。

如果你現在缺少優雅，這些後天的練習會引導你走向優雅，也會替你將優雅慢慢滲入靈魂，讓你成長爲一個真正的優雅女人。

4 握手，人際交往中的「硬通貨」

握手是陌生人之間第一次的身體接觸，幾秒鐘的時間足可以決定別人對你的喜歡程度。握手的方式、用力的輕重、手掌的濕度等等，像默劇一樣，無聲地向對方描述你的性格、可信程度、心理狀態。握手的品質表現了你對別人的態度是熱情還是冷淡，積極還是消極，是尊重別人、誠懇相待，還是居高臨下、敷衍了事。

一個積極的、有力度的、正確的握手方式，不僅表達了你友好的態度和可信度，也表現了你對別人的重視和尊重。一個無力的、漫不經心的、錯誤的握手方式，立刻會傳送出不利於你的資訊，讓你無法用語言來彌補，讓對方心裡留下對你非常不利的第一印象。毫不誇張地說，握手在商業社會裡幾乎意味著經濟效益。

那麼，怎樣把握和創造這樣的經濟效益呢？掌握必要的握手禮儀。

試問：一群人中，你應該先和誰握手，再和誰握手？這真的是令很多職場人士犯難的問題，特別是在彼此不夠熟悉的情況下，一雙熱情的手遲遲不敢伸出去。請你記住，握手一定是主人、長輩、上司、女士先伸出手，客人、晚輩、下屬、男士再相迎握手。

當然是用右手握，你要是伸出左手，即使你是左撇子也沒人會理你，這是基本的常識。尤其是職場中的年輕人，在別人向對方介紹你的時候，不要先著急握手，等對方介紹完後，再緊握對方的手，時間一般以一至三秒爲宜。

特別是男性，必須要女士伸手後你再握手，輕輕一握就可以。在和長輩握手時，年輕者一般要等年長者先伸出手再握；在和上級握手時，下級要等上級先伸出手再趨前握手。另外，接待來訪客人時，主人有向客人先伸手的義務以示歡迎；送別客人時，主人也應主動握手，表示歡迎再次光臨。

心理學家及身體語言專家們認爲，通過握手能判斷人的性格。在同性的陌生人中，主動伸出手的人性格堅定、熱情或者有豐富的人際關係經驗；性格支配欲望強的人會將自己手心朝下壓在別人的手上。手心濕漉漉、汗淋淋的人，經常會感到焦慮、緊張。性格粗獷、豪放，甚至莽撞的人，會過度用力地握住別人的手，像要把人的骨頭握碎。

你伸出手來，如果對方沒有反應，對方可能是不懂禮儀，或者有意冷淡、讓人難堪，或者根本沒有看見，或者是性格極端封閉、內向。雙手緊握對方的手，表現出超人的熱情和極度盼望的心情，這是政治家們最常用來操縱人們心理的握手方式。它表現了對被握手人的親密和渴望，可以縮短或消融人與人之間的距離。

現在，你學會握手了嗎？

5 微笑，塑造惑人的魅力

優雅的女人會讓微笑時刻掛在臉上，即使是淺淺的、淡淡的，但那是發自內心的、真摯的。微笑，可以讓女人塑造一種惑人的魅力，是女人身上最好的裝飾。

《蒙娜麗莎》是一幅享有盛譽的肖像畫傑作，畫中的蒙娜麗莎坐姿優雅，笑容微妙。幾百年來，人們對她的各種爭論從未停止過，但她那難以覺察的、轉瞬即逝而又亙古不變的微笑，永遠刻在了世人的心中。

世界名模辛蒂．克勞馥曾說：「女人出門時若忘了化妝，最好的補救方法便是亮出你的微笑。」真誠的微笑是優雅女人的招牌，而女人的溫柔、嫵媚、性感，都可以在笑容裡盡情體現。擁有迷人微笑的女人，更有機會擁有一個幸福的人生；擁有自信微笑的女人，會是最美的女人。微笑就像香水，灑上一點，整個屋子都會彌散著淡淡的香，傳遞給家人、朋友和同事，讓每個置身其中的人都感到生活的輕鬆和愉快。

在一班剛起飛的飛機上，乘客請求空姐倒一杯水給她吃藥。

空姐有禮貌地說：「太太，為了您的安全，請稍等片刻，等飛機進入平穩飛行後，我會立刻把水給您送過來，好嗎？」

十分鐘後，飛機早已進入平穩飛行狀態。

突然，乘客服務鈴急促地響了起來，空姐猛然意識到：糟了，由於太忙，她忘記給那位乘客倒水了！

空姐來到客艙後，看見按響服務鈴的，果然是剛才那位乘客。她小心翼翼地把水送到乘客面前，面帶微笑地說：

「太太，實在對不起，由於我的疏忽，延誤了您吃藥的時間，我感到非常抱歉。」

乘客抬起左手，指著手錶說道：「怎麼回事，有這樣服務的嗎？你自己瞧瞧，都過了多久了？」

空姐端著水杯，心裡感到很委屈，但是，她並沒有因此生氣，相反地，仍然語氣溫和地向那位乘客作解釋，然而乘客就是不肯原諒她的疏忽。

為了彌補自己的過失，這位空姐每次去客艙服務時，都會特意走到那位乘客面前，面帶微笑地詢問她是否需要水或者別的幫忙，只是那位乘客似乎餘怒未消。

到達目的地前，那位乘客要求空姐把意見簿給她送過去，很顯然，她要投訴這位空姐。

這時候，面對乘客的惡劣態度，空姐依然沒有生氣，她有禮貌而且面帶微笑地說道：「太太，請允許我再次向您表示真誠的歉意，無論你提出什麼意見，我都欣然接受您的批評！」

這位乘客臉色變得溫和了，接過意見簿，在本子上寫了起來。

等到飛機降落，所有的乘客都離開後，空姐才打開意見簿。她本以為這下完了，沒想到打開意見簿後，她卻驚奇地發現，這位乘客在本子上寫下的並不是投訴信，相反的，是一封熱情洋溢的表揚信。

在信中，空姐讀到這樣一句話：

「在整個過程中，你表現出真誠的歉意，特別是你的微笑，深深打動了我，使我最終決定將投訴信寫成表揚信！下次如果有機會，我還會乘坐你們的航班！」

雖然有時一個微笑只是瞬間，但是可能在別人的心裡已經成了永恆。那麼，我們又何必吝嗇那淡淡的一笑呢？曾經有一項針對男性的調查，主旨是「你認爲女人最迷人的表情是什麼？」幾百名男性的答案都是「微笑」。

優雅美麗的女人時常會保持動人的微笑。但是女性往往很容易受到情緒的影響，所以能做到這一點的人可謂少之又少。

想經常保持微笑的狀態，也是可以通過訓練得來的：

方法一：上揚嘴角十秒鐘後恢復原狀，隔三秒再次上揚，如此重複三次。在嘴角上揚時，還可以仰頭，保持頭頸肌肉的緊張和伸展，有利於頸部皮膚更加緊致和富有彈性。

經過嘴角上揚操的練習，大多數女性都可以在與人接觸時，嘴角保持自然上揚的狀態，顯得更加年輕、柔和。不但讓女人笑得更美，而且原本有下垂趨勢的面頰肌肉，經過一段時間的練習後，也會比以前更緊實，讓女人看上去更自信、開朗，達到美容的效果。

方法二：對著鏡子，咬住一根筷子，露出上排牙齒，你可以用雙手按住兩頰肌肉，調整嘴角上揚的角度，直到你認爲是最好的位置爲止，再把筷子拿掉。此時，這就是你最理想的微笑表情。看著鏡子，記住這個表情。

微笑不僅是一門學問，也是一門藝術，我們應該學會並巧妙地運用微笑。這樣，我們的氣質與魅力就會因此大大加分。當然，真誠的微笑還應該是發自內心的，要口到、眼到、心到、情到，從心裡把對方當成自己最誠摯的朋友，這樣的笑容才是最美、最打動人心的。

6 用餐，顯示女人的文化與素養

通過餐桌上的細枝末節，完全可以看出一個女人的文化與素養。餐桌是全面檢閱個人行爲習慣和修養的地方。

從進門、用餐一直到結束，每一個環節都有必須注意的地方，雖然有些繁瑣但並不困難。我們在平時用餐中就要注意改正那些不良的用餐習慣，做一個優雅的魅力女人。

那麼，如何在餐桌上展示你優雅迷人的風姿呢？

優雅入座

進入餐廳後，男士通常會讓女士先行，那麼不妨自信地跟著侍者到預定的座位，到座位後，沒必要立即拉開椅子入座，因爲對方可能已經做好爲你拉開椅子的準備，你不妨給對方一個表現紳士風度的機會。若是遇到需要自己動手的情況，注意避免發出刮地板的聲音。

用餐時，應該將包包放在背部與椅背間，而不是隨便放在餐桌上或地上。

坐在椅子上時，雖說需要維持端正的坐姿，但也不必像個木頭人一樣。當然，也要注意與餐桌保持適當的距離，否則進餐時就會增加身體移動的機會。用眼正視前方，手腕可自然地放在桌子的邊緣上。

大家都坐定後，餐巾才可開始使用。餐巾應該攤平放在大腿上，千萬不要放進領口，三歲小女孩這樣做或許很可愛。

如果是家庭宴會，還應注意區分主客的不同。例如，中餐家庭宴請時，首席爲地位最尊貴的客人，主人則居末席。首席未落座，其餘都不能落座，首席未動手，大家都不能動手。

若是作爲客人，你一定要等主人邀請之後再入席，優雅懂禮貌的你當然也應該等長輩們落座之後，再坐下。坐定後，如果需要中途離席，那麼跟同桌的人招呼一聲是絕對必要的。

優雅用餐

進餐前，有些女人或許會擔心餐具的衛生問題，因而用餐巾來擦拭餐具。其實，這是很不禮貌的舉動，會造成餐廳或主人的難堪。

用餐時，我們可以選擇自己喜歡的舒適動作。但是，在用餐過程中要注意不能將手肘置於桌面上，不可以用手撐著頭，露出疲倦、厭煩等神態。

如果你希望在用餐時也能展現淑女風範，就不要吃得太快。等嘴裡的食物咽下後，再吃另一口食物。假如你嘴裡塞滿食物，同時又說著話，即使說的是精彩絕倫的話題，只怕也沒有人能聽得懂，這也是一種非常失禮的行爲。

如果在用餐時確實有話要說，那麼口中不要含著食物，而且最好只與鄰近的客人交談，畢竟只有這樣才能保證緩和的聲調。切記一定不要用手掩著嘴與某人竊竊私語或耳語，因爲這種做法顯得非常沒有禮貌。

如果是吃西餐，那麼在刀叉的使用順序上要格外注意，最基本的原則是由外而內。要先使用擺在餐盤最外側的餐具，每吃一道，就用一副刀叉；食用完畢之後，刀叉並排放在盤子中央，服務生則會主動將盤子收走。餐具除了用來切割食物之外，也可以用來移動食物，因此，在正式場合中轉動盤子是很不禮貌的行爲。

如果出現意外情況，比如酒杯倒了、刀叉掉到地上等意外事故，一定不要慌張，自己絕對不要彎腰去撿，單手向上招呼侍應生，要求他更換餐具。這時，對女人而言，最重要的是去除衣服上的痕跡。優雅的女人會走到化妝間，避開眾人的視線進行處理。

還有一個大家一致認同的觀點是：在餐桌上用手挖鼻孔或掏耳朵等小動作是爲人所不齒的。擦鼻涕時，應轉過身用手絹或紙巾掩飾，另外，餐巾的主要功能是防止食物弄髒衣服以及擦掉嘴唇與手的油漬，請不要在忘記帶面紙的情況下用它拿來擦鼻子，因爲這麼做既不優雅也不衛生。

用餐完畢後，應該將餐巾折好，放在餐桌上或椅子上再離開，注意要將乾淨的一面向外。

如果是在餐廳用餐，那麼並不需要向服務人員的各項服務言謝；但如果是在別人家裡做客，那麼對主人所做的各項招待，都應該真誠言謝。

7休閒場所，可以放鬆不可以放肆

酒吧、KTV等，固然是休閒之所，但並不意味著在裡面你可以隨心所欲，否則你的失禮會成爲別人眼中的笑料。因爲這裡只供放鬆，不供放肆，要想放鬆，你就務必要瞭解相關的禮儀知識。

禮儀的本質是尊重別人，通過尊重別人來贏得別人對你的尊重。包廂裡，人人都享有點歌的機會。所以三五好友一同去KTV玩時應互相捧場。當別人唱時，專心欣賞，不能在別人唱歌時聊天或取笑他人，也不能在別人唱到一半時搶過麥克風；別人唱完時，應以掌聲給予鼓勵，大家相互鼓勵，才會唱得更熱烈、更開心。

酒吧與飯店不同，不能大擺宴席的場所。如果你打算請客，那麼最好去飯店，酒吧通常只供應飲料和簡單的食品等，主要活動是娛樂，「吃」只是一個配角。

若你想向酒吧裡的歌手點歌，你應該叫來服務員，讓他向歌手轉告你的意見。給歌手小費時也不可直截了當，把錢硬塞給歌手或扔到臺上，更是不可取的行爲。正確的做法是，把錢夾在紙裡，最好藏在一束鮮花中送到歌手面前。

女士不要與不相識的男人跳舞。在酒吧裡跳舞，以請同來的男伴爲宜。

8 辦公室不是後花園，隨意便是大忌

蹺著二郎腿，吃著零食，看著電視，天南地北聊著天，甚至可以互喝彼此杯子裡的飲料……這些場景可以發生在最親密的人之間，比如家人、朋友、情侶之間，但在公司裡絕對不能允許出現這些情形。

缺乏公共觀念

辦公室裡的一切設施都是為了方便大家，以提高工作效率，比如電話、傳真機、影印機等，要注意愛惜保護它們。然而，有些人跟好友卻忘情講到一兩個小時的電話。

這種行為不但屬於公器私用，而且影響到他人的情緒和工作，實屬不應該。

形象不得體

辦公室裡，濃妝豔抹、環佩叮噹、香氣逼人、暴露過多，或衣著不整，都屬禁忌之列。工作時，語言、舉止要保持得體大方，過多的方言、粗俗不雅的詞彙都應避免。無論對上司、下屬還是同級，都應該注意。

偷聽別人講話

如果其他人在私下談話，你卻伸長兩耳偷聽；或是刻意窺伺，這些都會使你的形象在別人眼中大打折扣。也許你純粹出於好奇，並無惡意，但會給人一種非常不尊重他人的感覺，即使你憑藉各種小道消息一時成爲茶水房裡的紅人，但對一個口無遮攔的饒舌者，永遠沒有人會待之以真心。

隨便挪用他人東西

未經許可隨意挪用他人物品，事後又不打招呼的人，顯得沒有一點教養；至於用後不歸還原處，甚至經常忘記歸還的人，就更低一檔了。

把辦公室當自己家

爲了方便，很多員工會自帶飯盒，在中午時用微波爐加熱，這是辦公室中習以爲常的事。但如果你把辦公室當成自家廚房，這種行爲就要不得了。公司畢竟是辦公的地方，任何的隨意和疏忽都可能會鑄成大錯。

9 別讓小動作毀了你的優雅

氣質女人的迷人優雅，常常出自一些看似最不經意的細節姿態。這些被忽略的細節，最能突出個人獨特的風采與高雅的品味，給人留下美好的印象。所以，千萬不要讓小動作毀了你的優雅。

張愛玲說：「生活的全部魅力均來自於它的細碎之處。」一個優雅的女人，除了精緻的面容，優雅端莊的坐立行走姿態，更要在小細節上約束自己。因爲，或許只是一個不經意的小動作，卻有可能讓你建立起來的優雅形象毀於一旦，可能會讓美麗的女人變得索然無味。

對於現代人來說，手機是不可缺少的通訊工具，但是倘若使用不當，費盡心機打造的美麗形象便會功虧一簣。

一般說來，在社交場合中儘量不要帶手機。如果事務繁忙不得不帶，那你一定要儘量將鈴聲降低，或者調成振動，以免驚動他人。鈴響時，要快速找個安靜、人少的地方接聽，並控制自己說話的音量。如果在車裡、餐桌上、會議室裡、電梯中等地方通話，儘量使你的談話簡短，以免干擾別人。

倘若在你手機響起的時候身邊有人，你要向對方說聲「對不起，請原諒」，然後出去接聽電話，把話講完再入座。在一些不方便通話的場合，你要告訴來電者會儘快回電，然後掛斷電話。

下面是一些日常生活中要注意的小動作，如果你是一個優雅的女人，相信你一定不會忽略這些：

● 撿東西的動作

在撿起掉在地上的東西時，是不是弓起上半身來撿？如果答案爲「是」，那你就錯了。因爲，彎腰翹臀的姿勢會使背後的上衣自然上提，如果不注意露出臀部和內衣，是極不雅觀的，而且撅起臀部的姿態也不美觀。

正確的動作應該是：站在所取物品的旁邊，蹲下屈膝去拿，而不要低頭，也不要弓背，要慢慢地把腰部低下；兩腿合力支撐身體，掌握好身體的重心，臀部向下。

●回頭的動作

如果後面有人叫你，千萬不要吃驚般急忙回頭，應該沉穩鎮靜地回頭應答。並且不要只把頭向後轉，而應把全身轉向對方。確認對方後再輕輕點頭，看上去會更優雅。

●用手指東西的動作

正確的姿勢是：以肘關節爲點，手指自然併攏，掌心向上，指向目標，看起來會很俐落。最好不要用食指來指，因爲這是降低自身魅力的動作，它含有教訓人的意思。優雅的女人就算在給別人指路時，也要注意這一點。另外，值得注意的是，優雅的女人切莫伸中指，否則會讓自身的魅力大打折扣。

●打噴嚏的動作

在談話中或用餐時，如果想打噴嚏，就面向無人的方向或臉朝下用雙手捂住口，儘量不要發出很大的聲音。

●在人前擤鼻涕的動作

在開會中或用餐中，如果遇到無法離席的情況，就向旁邊的人點頭示意並輕聲抱歉，把身體轉下座一方（出入口）來擤。最好是忍到休息時間或談話告一段落後，去化妝室解決。

●遞東西、接東西的動作

遞東西的一方必須雙手拿著，面向對方。如果遞交的東西是盒子，要用一隻手扶住盒子的下面。如果你是接東西的一方，在接東西時，要伸出雙手。

●開關門的動作

出入房間的時候，特別是在進入房間前，一定要輕輕叩門或按鈴，向房內的人通報一下。相反，貿然出入或者一聲不吭，都會顯得冒冒失失。務必要用手來開門或關門，且最好是反手關門、反手開門。

關門的動作要輕柔，像一些用胳膊肘頂、膝蓋拱、臀部撞、腳踢、蹬的方式，都是不好的做法。和別人一起進出房門時，爲表示自己的禮貌，要後進後出，請客戶先進先出。

在陪同引導客戶的時候，有義務在出入房門時替對方拉門或是推門。但在拉門或是推門後，要使自己處於門後或門邊，不要擋住對方。

● 上下樓梯、上下汽車的動作

上下樓梯時，頭抬高，背脊伸直，臀部收緊，雙腳在樓梯上要走扎實；而一雙美腿在車前會給人無限的遐想和誘惑，要側身上下才更顯品味與魅力。如此，就是這些不起眼的細節，在不著痕跡之處，隱隱折射出一個女人的優雅美麗。

10 好聲音才能贏得好人緣

聲音對一個人的形象很重要。很多女人喜歡用又高又亮的聲音說話，覺得那樣的聲音才是上天賜給女人的，其實並不是，低沉的、輕柔的、帶一點磁性的聲音更有吸引力。

女人的說話聲音絕對不能單調乏味，音階的變化能加強你的說服力，說話抑揚頓挫是你對自己工作熱情的表現，同時也是感動人心的根本力量。不管是多麼簡短的對話，只有不斷變化說話的語速和語調，才能令你的話充滿吸引力。客戶的洗耳恭聽，就是聲音的力量。

高談闊論，然後突然結束，給對方留下一片寧靜，在寧靜中，你的話會餘音繞梁，而方才說話的語氣、聲調、速度以及強弱的組合，都會在寧靜中產生巨大的效果。只有讓客戶感受到你的魅力，他才不會把你的話當耳旁風。你的熱誠不只顯示在說話的聲音裡，你的眼神、表情以及動作都是熱誠的表現，對方會一直看著你，從你所有的表現中判斷你的熱誠和智慧。

一個人的態度是友好還是充滿敵意，是冷靜還是激動，是誠懇還是虛假……都可以從他的聲調節奏、停頓等方面表現出來。比如，一個說話聲調平穩的人，具有正直之性格，心態穩健、性格持重。如果他的聲音洪亮，中氣較足，這樣的人一般都是單位領導。在職場或官場中，這樣的人比較容易升遷，容易給人留下成熟、穩健、自信的印象。

說話較輕的人，為人小心謹慎，性格比較內斂。說話語調不平穩的人，大都內向或膽小，這樣的人一般都比較悲觀。

如果你遇到一個人說話的語氣抑揚頓挫，節奏分明，這樣的人一般表現欲較強，為人比較圓滑。而說話語氣很急很衝，聲音很大的人，一般都很任性。語氣低沉的人，凡事都抱有懷疑感，性格急躁而任性，有自大傾向。

在英國，曾經有一位女性想競選議員，但雄心勃勃的她並不受周圍人的歡迎。有人認爲：「她的音調很高，能嚇死飛過的麻雀。」後來，她接受了別人的建議，降低了音調，因而大大增強了她的氣場。她就是「鐵娘子」柴契爾夫人。

所以說，你對聲音的調控方式，極大地影響著你的說服力以及人們對你性格的判斷。

舉個簡單的例子，當你在和陌生人說話或者問一個問題的時候，對方回答你的語氣和語調，可以給你兩種截然不同的感覺。比如，如果他用高調，且是重音和你說話，你一定會感到很不舒服，疑惑自己是不是得罪他了；相反，如果他用一種溫和平緩的語調跟你說話，你會覺得他很友好，是個有教養的人。

俗語說：「聽話聽聲，鑼鼓聽音。」我們在判斷一個人說話的情緒和意圖時，固然要聽他「說什麼」，但更應該注意他「怎樣說」，即從聲調高低、音量大小、抑揚頓挫及轉折、停頓中，領會其「言外之意」，這就叫輔助語言。

在人際交往中，如果你正確使用輔助語言，就可以實現有效的溝通。因此，語氣和語調對於一個人的個人形象起到很大的作用。尤其是在你和他人交談的時候，一個不經意的語調可能給他人留下很深刻的印象。因此，選擇好的語調，才能贏得良好的人緣。

第四章
談吐之道，綻放於舌尖上的優雅

1 女人的語言魅力源於真誠

女人只有用一顆真誠的心與人交往，才能換來彼此的心靈相通，獲得他人的坦誠以待。真誠是一筆寶貴的財富，擁有這筆財富的女人，會是世界上活得最自在的人。同樣，女人的語言魅力源於真誠。

從前第一夫人蜜雪兒的談吐，人們可以看出她是一位個性明亮的女人，因為在任何場合中，她都真摯、誠懇，從不矯情、造作。比如總統競選期間，她形容丈夫在華盛頓的住所，是一間「可以吃比薩」的小公寓，所以每次她去看歐巴馬，他們都得一起去住賓館。

記者問她：「那白宮呢？」

她坦然而眉飛色舞地感嘆：「白宮真的是太美了，是那種讓人產生敬畏的激情的美。在那裡走一圈之後，感覺能住在那裡真是一種上天的賜予、一種榮耀。」

她是第一個爆料自己丈夫不會整理床鋪的第一夫人，這樣的小細節為歐巴馬平添幾分人情味。一般選民會覺得，希拉蕊離自己很遠，而蜜雪兒不談政策綱領，而是打人性牌，談歐巴馬睡覺鼾聲大、早上起床時，女兒因其口臭不敢接近等趣事。即使夫妻一起上電視做節目，也是談笑風生，彼此打趣，不時自然而然地顯露出淳樸、單純的一面。

記者問：「獲勝後，太太說了什麼？」

歐巴馬幽默地說：「她說『那你明天早上還送女兒上學去嗎？』」

第一夫人聽後，大笑反駁道：「我可沒這麼說啊！」

女人如果只追求外表漂亮，缺乏真摯的感情，雖然能欺騙別人的耳朵，卻不能欺騙別人的心。

最能贏得人心的女人，不見得一定是口若懸河的女人，更可能是善於表達自己真誠情感的女人。

說話是一個傳遞訊息的過程，所以要提高自己的說話水準，增強自己的語言魅力。不僅在於說話者能否準確、流暢地表達自己的想法，還在於她所表達的想法能否爲聽眾所接受，並產生共鳴。也就是說，要將話說好，關鍵在於如何撥動聽者的心弦。

有些女人長篇大論，但難以引起聽者的注意；有些女人寥寥數語，卻能擲地有聲。這是爲什麼？很簡單，後者能瞭解人們的內心需要，能設身處地地站在對方的立場為對方著想，因此，她們的話充滿真誠，更容易打動人心。

2人美，第一句話更要說得漂亮

熙熙攘攘的人群中，有些人雖如驚鴻一瞥般飄然而過，卻讓你久久回首，難以忘記；社交聚會中，每個人都明豔照人，使盡渾身解數，爲博取注意力，卻只有少許的人能獨領風騷。

這是爲什麼呢？秘訣就在於說好第一句話。

第一句話是給對方的第一印象，所以女人的第一句話說好說壞，關係重大。說好第一句話的關鍵是：熱情、貼心、消除陌生感。

真誠地問候

「您好」是向對方問候致意的常用語。如能因對象、時間的不同而使用不同的問候語，效果則更好。如對德高望重的長者，宜說「老人家您好」，以示敬意；年節期間，說「新年好」；早晨說「您早」之類，都可拉近距離。

攀親附友

赤壁之戰中，魯肅見諸葛亮的第一句話是：「我，子瑜友也。」子瑜，是諸葛亮的哥哥諸葛瑾，是魯肅的同事和摯友。短短的一句話就定下了魯肅跟諸葛亮之間的交情。只要彼此留意，譬如從就讀學校、居住地區或興趣等著手，就不難發現雙方有著這樣或那樣的「親」「友」關係。

表達仰慕之情

對初次見面者表示敬重、仰慕，是熱情有禮的表現。不過必須注意要掌握分寸，恰到好處，不亂吹捧，以免弄巧成拙，造成反效果。

說好第一句話，僅僅是良好溝通的開始。要談得有味，談得投機，談得融融樂樂，還有兩點要注意：

第一，確立共同感興趣的話題。只要多留意、試探，就不難發現彼此對某一方面有共同的興趣愛好、關心的事。有些人在初識者面前感到拘謹難堪，不過是沒有發掘到共同感興趣的話題而已。

第二，注意對方的現狀。要使對方對你產生好感，留下深刻印象，必須通過察言觀色，瞭解對方近期內最關心的問題，掌握其心理。例如，知道對方的子女今年考試，則可現身說法，以尋求認同感。

3 叫出對方的名字，並叫得親切友好

想從許多人中間區別出一個人來，你首先要喊出他的名字。若是你能喊出對方的名字，對方會覺得你重視他、尊重他，這也會使對方感到親切，對你一見如故，產生好感。因此，在與他人相處的過程中，記住每個人的名字是非常必要的。

那麼，到底怎麼做，才能將幾百甚至上千個人的名字都記在自己的腦海裡，並能對號入座呢？請參考以下五種方法。

● **拜訪前先瞭解**

無事不登三寶殿，去拜訪一個陌生人，肯定是抱著某些需求去的，所以去之前，我們一定要瞭解這個人叫什麼名字，至少要知道他姓什麼。其次是將對方的資訊，如愛好、習慣等瞭若指掌。

不要覺得這是一項麻煩活，實際上，比起沒有業績、被炒魷魚，這點小麻煩算不了什麼。解決了這點小麻煩，常常能帶給你大收益。試想，假如記住一個陌生人的名字，能成功簽下一筆合同，那麼你還會不在乎陌生人的名字嗎？

●對自己充滿信心

向自己承諾「我一定會記住陌生人的名字！」當你這麼做後，一種自我施加的壓力會迫使你自覺地去記憶，直至能準確地在心裡默念出對方的名字爲止。這時候，由於兌現了對自我的承諾，整個人既舒心又自信。

總是信心百倍地對自己說，我一定會記住對方的名字，因爲我從不做沒有把握的承諾。在這種情緒的影響下，久而久之，你就會把記住他人的名字當成一種習慣，並持續堅持。

●隨時隨地記下他人的名字

無論是從別人那裡打聽來的名字，還是自己查到的，抑或第一次會面對方告知的，無論何時何地，我們都要及時地將這些名字記在記事本上，在每個名字後面注明對方的頭銜、職位、所在的公司等，並常常拿出來溫習。當你記下那些跟自己曾有一面之緣，或者還沒來得及有交集的人的名字，隨著時間的推移，它們就會變成一大筆豐厚的資源，根據你的需要，隨時爲你所用。

● 問清楚對方的名字

千萬不要覺得詢問他人的名字會招致對方的不快，實際上，人們很樂意聽到你提出如下的問題：「抱歉，您能再說一遍您的名字嗎？」「……這樣拼寫您的名字對嗎？」當你鄭重其事地寫下對方的名字，是在向對方傳遞我很「尊重你」「重視你」的資訊，對方一旦得到心理上的滿足，對你的印象會更好。

● 巧妙聯想記憶

善用聯想法，能幫助我們有效且深刻地記住對方的名字，可以回想對方的某些特質，比如口頭禪、習慣性動作等，以此加深印象。

4 善於讚美，讓別人更喜歡你

美國哲學家約翰・杜威說：「人類最深刻的衝力是做一位重要人物，因爲重要的人物常常能得到別人的讚美。」

林肯相貌醜陋，但他卻知道讚美的重要性，他曾以這樣一句話作爲一封信的開頭：「每個人都喜歡讚美的話，你我都不例外……」

法國的拿破崙，具有高超的統率和領導藝術。他主張對士兵「不用皮鞭而用榮譽來進行管理」，認爲一個在夥伴面前受了體罰的人是不會爲你效命疆場的。爲激發和培養官兵的榮譽感，拿破崙對每一位立了戰功的官兵都加官晉爵，授旗贈章；此外，他還在全軍進行廣泛通報宣傳，通過這些讚揚，來激勵官兵勇敢地去戰鬥。因爲，人都希望獲得別人的讚美，沒有人喜歡遭受別人的指責和批評。

讚美如煲湯，火候是關鍵。讚美對方恰如其分，恰到好處，會讓對方感到很舒服；但過度讚美會過猶不及，使得讚美沒有新鮮感，讓對方吃不消。

真正的讚美大師，懂得在讚美時控制好火候，會拿捏得當，收發自如。有適當的讚美機會，我們就應該說出來。看化妝品推銷高手，美國化妝品大王玫琳．凱是如何把握住每一個亮點，恰如其分地讚美對方的。

有一次，玫琳．凱上門去推銷化妝品時，女主人客氣地拒絕了她：「對不起，我現在沒有錢，等我有錢了再買。」

這時，玫琳．凱看到女主人懷裡抱著一條名貴的狗，知道「沒有錢買」是她拒絕的托詞。於是微笑說：「這小狗真可愛，一看就知道是很名貴的狗。」

「沒錯呀！」

「那您一定在牠身上花了不少的錢和精力吧？」

「對呀。」女主人開始很高興地為玫琳．凱說明她為這條狗所花費的金錢和精力。

玫琳．凱專心地聽著女主人的說明，在適當的時機插嘴說：「能夠為名貴的狗花費金錢和精力的人，一定不是普通階級，就像這些化妝品，價錢比較貴，所以也不是一般人可以用得上的，只有那些高收入的名媛才享用得起。」

女主人聽了，高興地買下一整套化妝品。

很多人不知道怎麼去讚揚別人，讚美是一門藝術，合理的讚美有六個前提條件：

● 要有根有據，不能言不由衷或言過其實

讚美要有根有據，如果言不由衷或言過其實，對方就會懷疑讚美者的真實目的。

● **要雪中送炭，不要錦上添花**

需要讚美的不是那些早已揚名天下的人，而是那些自卑感很強的人，尤其是那些自信心不足或總受批評的人。他們一旦被人真誠地讚美，就有可能自信心倍增，精神面貌從此煥然一新。

● **內容要具體，不能含糊其辭**

含糊其辭的讚美可能會使對方混亂、窘迫，甚至緊張。讚美越具體，說明你對他越瞭解，從而拉近人際關係。

● **要恰如其分，不能摻水**

恰如其分就是避免空泛、含混、誇大，要具體、確切。讚美的依據不一定非是一件大事不可，有時別人一個很小的優點或長處，只要能給予恰如其分的讚美，同樣能收到好的效果。

● **要把握時機，不要拖延**

讚美別人要善於把握時機，因爲賞不逾時。一旦發現別人有值得讚美的地方，就立刻當眾表揚他，不要拖拉。

●要真心誠意，不虛偽

富蘭克林說：「誠實是最好的政策。」有的人在讚揚別人時，只想著收買人心，實際上並沒有表現出欣賞的誠意，這樣的讚美根本不起作用。所以，讚美要出自真心誠意。

5 幽默，讓女人的語言錦上添花

據說，歐巴馬有一次和妻子一同出去就餐，入座後，餐廳老闆請求能允許他靠近第一夫人，以便向她表示問候。

歐巴馬問：「這個男人為什麼會來問候你？」

蜜雪兒回道：「在我十幾歲時，這個男人就愛上我了。」

歐巴馬說：「啊！也就是說，如果你當初嫁給他，你現在就有可能是餐廳老闆娘了。」

蜜雪兒反駁道：「親愛的，你錯了，如果我嫁給他，他今天就是美國總統了！」

這則故事不管真假，都足以證明蜜雪兒的幽默感和鮮明的個性。

幽默的女人大多富有人情味，性格樂觀、談吐風趣。她們懂得幽默，知道自我開解；懂得原諒，更明白如何輕鬆；即使身處逆境，也能夠從容鎮定，開朗豁達。

那麼要怎樣培養自己的幽默感呢？

●積極樂觀的心態

一個悲觀頹廢的人，是沒有心情幽默的。要想培養自己的抗挫折能力，就不要害怕失敗，即使失敗也要看到事情積極的一面，而不是一味地怨天怨地。

●自信

真正幽默的人，其實是自信的人，不怕他人的嘲笑，而且非常善於自嘲。實際上，這種自嘲建立在自信的基礎之上。

●敏捷的思維能力

幽默的人是智慧的，因爲幽默常常需要機智。而且，幽默的人觀察事物有自己的角度，不因循守舊，對事物有自己的看法，觀點新穎。因而，這類人常常語出驚人。

● 要培養理解能力

真正的幽默，需要用心體味，更要懂得欣賞別人的幽默。

● 語言表達能力

豐富的詞彙有助於表達幽默的想法。如果詞彙貧乏，語言的表現能力太差，那麼也無法達到幽默的效果。空閒時，不妨多看看幽默的故事、機智故事、腦筋急轉彎等，訓練思維的敏捷性，豐富自己的詞彙。

● 博學多識

要多與人交往，多學習新的知識，有廣博的知識才能天馬行空，不拘一格，畢竟孤陋寡聞的人難有真正的幽默。

如果你想讓自己成爲隨時隨地都快樂幸福的女人，你就需要學會幽默。讓自己在幽默中散發出無窮的魅力，更好地去享受生活的樂趣！

6傾聽，最受歡迎的女性語言

在人際交往中，傾聽是對別人的尊重和關注。專心地聽別人講話，是你所能給予別人的最有效的，也是最好的恭維。一個善於傾聽的女人，她無論走到哪裡都會受到歡迎。上帝給我們兩隻耳朵，一張嘴巴，就是希望我們能多聽少說。

如果女性對著丈夫或女友滔滔不絕，對方不但要聽，還不能說話；然而輪到別人跟她說話時，她不認真傾聽，對別人的關注也不夠，還急於打斷對方，自己發言，或者把話題轉到自己感興趣的地方。這種局面久了，再好的朋友、再耐心的客戶也會心生厭惡。

善於傾聽別人講話是一種高雅的素養，因爲認真傾聽別人講話，表現了對說話者的尊重，人們往往會把忠實的聽眾視作可以信賴的知己。

傾聽的好處還有很多。首先，傾聽可以解除他人的壓力。當一個人有了心理負擔和心理疾病的時候，他總是願意把自己心中的煩惱向一個好的傾聽者訴說，以尋求解脫的辦法。這時，作爲傾聽者，你要表示出體諒的心情，這樣，你們的交談就能夠融洽地進行，你的勸告也容易生效。

其次，注意傾聽別人講話，會給人留下非常良好的印象。

在小說《傲慢與偏見》中，伊莉莎白在茶會上，專注地聽著一位剛剛從非洲旅行回來的男士講非洲的所見所聞，她幾乎沒有說什麼話，但分手時，那位紳士卻對別人說，伊莉莎白是個善言談的姑娘。

最後，傾聽是一個資訊收集的過程，它可以讓我們學到更多的東西，更好地瞭解人和事，而豐富的知識可以使自己變得更聰明。

善於傾聽是人際交往中的一種手段，看似是一種靜止的狀態，實際上卻蘊涵著豐富的資訊，它就像樂譜上的休止符，運用得當，則含義無窮，真正可以達到「無聲勝有聲」的效果。

懂得傾聽的人，不僅容易交到朋友，也有助於瞭解真相，充實自己。當然，傾聽也不是一件容易的事，因爲不僅要控制自己想表達的欲望，還要表現得對別人的述說感興趣。

以下是我們從第一夫人蜜雪兒的談話中，總結出的幾條關於傾聽的技巧：

- **保持眼神接觸**

讓說話人感覺到：你的注意力完全在他身上。

- **保持全神貫注的姿勢——就像運動員時刻準備投入比賽一樣**

想一想那些無精打采的人，要麼冷淡，要麼孤僻，要麼粗魯，根本不關心你在說些什麼。相比之下，電視裡的採訪者就完全不同，他們的整個狀態展示了高度的投入與關注。

●給講話的人語言暗示，鼓勵他多說一些

例如：「明白了。」「多給我講一些。」「然後怎麼樣了？」「請繼續。」注意，每一個暗示都很簡短，只需兩三個詞，卻足以使講話的人深受鼓舞。

●清除交流障礙

你可以走到辦公桌前，靠近來訪者坐下。也可以在談話時將電話、手機或收音機關掉，換一個安靜的環境。

●對聽到的話進行解釋與核對

「如果我沒理解錯的話，你一定認爲會議缺少明確的議程安排，因此顯得有些混亂。」此時應有一個停頓，以便講話人肯定你的觀點或予以糾正。

●表示同感

如果有人告訴你，他失去了一個期待已久的晉升機會，你就應該回答道：「真是遺憾，我想你肯定失望極了。」

●分享談話「核心」的角色

在談話的過程當中，應不時「讓出」核心的角色。因此，請不要總是試圖「統治」與他人的談話，而應儘量讓其他人都參與進來。例如，你可以說：「莎倫，我們很想聽聽你在這個問題上的看法，可以給大家說明一下嗎？」

●暗示你樂於聽到不同的意見

「你提出的這個建議，我還真是第一次聽到，我會認真考慮的，請談一談應該怎樣落實你的想法。」

●聆聽他人的困惑，但不要替他解決問題

哪怕麻煩纏身，人們也不願讓別人來幫忙解決問題。他們不需要你出謀劃策，只希望得到你的關心與支持。

聆聽對方的意圖，而不僅僅是話語。管理學大師彼得·德魯克曾經說過：「溝通就是傾聽對方沒有說出來的話。」因此，請細心體會說話人「話裡話外」的意思，在抓住事實的同時，感受他的情緒。

●提出反對意見前，應聽全、聽懂對方的話

這樣，即使你所持的是對立觀點，對方也會相信你的立場是公正的，而較能接受。

●把每一次傾聽當作學習的機會

敏銳的傾聽者會留意那些不被人看好的觀點。因此，即便談論的話題一開始顯得很無趣，也請緊跟說話人的思路。在你學習的同時，你也會獲得說話人的好感與尊重。

交談時，說者和聽者雙方互相配合，才能使談話順利地進行下去。幾個人在一起交談時，如果你老是說有關自己的話題，既不好好地聽別人談話，又總是打斷別人的談話。那麼，開始別人也許還會有興趣聽，但時間久了便會失去興趣，並且畏懼你的喋喋不休了，甚至會躲著你，而最終你不得不離開他們的人際關係圈。

聰明的女人，是一個會傾聽的女人。善於傾聽，它會使你在社交場合成爲一個受歡迎的人，在人際交往中成爲一個溝通高手。想要別人關注你，你就得先關注別人。問別人喜歡回答的問題，鼓勵他人談論自己及他所取得的成就。需要注意的是，與你談話的人對自己的一切，比對你的問題要感興趣得多。

7不卑不亢，隨機應變

在社交場合中，我們總是會碰到一些意想不到的事情，或是自己失言失態；或是對方反應不如預料的；或是周圍環境出現了沒有考慮到的因素等。這些猝不及防的情況，往往會令人啼笑皆非，狼狽不堪，陷入窘境。

身處窘境，如何解脫呢？那就需要隨機應變。

應急的語言技巧很多，下面介紹幾種。

●轉移話題，擺脫窘境

在社交中，有時會遇到自己不想公開或不能公開，但別人又偏偏要打聽的事；或是自己偶然觸及對方的傷痛、忌諱及隱私，出現了尷尬的局面。這時，以場景爲媒介，迅速轉移話題是一種普遍有效的應急措施。

● 不動聲色，應付尷尬

尷尬局面的出現，往往是剎那間的事情，如果缺乏鎮靜，大驚失色，那麼只會手足無措，亂上添亂。只有在心理上保持平衡與穩定，神色不改、鎮靜自若地面對出現的問題，才有可能巧妙機智地應付尷尬。

● 急中生智，自圓其說

話語脫口而出，一有疏漏，就應在瞬息之間發揮隨機應變的能力，適應變化的情境和話題，修正自己講話的內容，對話語進行快速而嚴密的變換、調整。

● 運用幽默，巧解矛盾

在人際交往中，當矛盾發生時，幽默的語言在某些情形下會產生一種神奇的效果，使僵局冰釋，使一個窘迫難堪的場面在笑語中消失。

8 克服羞怯心理，勇敢表達自我

就像商品做了廣告會更暢銷一樣，女人積極地表達自己，才會吸引別人的關注，才能爲自己創造更多的機會。聰明的女人，能夠掌握好含蓄和張揚的尺度，遊刃有餘地在兩種表達方式中轉換。

法國小說家、傳記作家莫洛亞曾說：「漂亮的人懷疑自己的智慧，聰明的人又懷疑自己的魅力。」這句話說出了人們在社會交往中的一種恐懼心理。其實，任何人都不是完美的，如果你總是懷疑自己的魅力而不敢展現自己，就會像默默無聞的小草，永遠也無法讓別人關注你。

女人應當像美麗嬌豔的花朵一樣綻放，發出自己奪目的光彩，而不是像小草一樣默默無聞。

想要克服羞怯心理，勇敢地表達自我，就要在社交場合中多多練習。派對和社交聚會對於你結交新朋友是非常好的，但是你的羞澀若阻礙你去同他們交談，那麼要和他們交朋友也就難了。如何在派對和社交聚會上克服羞澀，下面這套技巧很有效：

●關注外界，消除無益想法

消極想法是問題的根源，所以根除的唯一方法是，用其他想法取代它們。比如，關注外部世界，而不是讓消極的想法在腦子裡時不時地浮現。

如果你想消除那些想法，你可以問自己一些外界的問題。不妨這樣問自己：「這裡面什麼是有趣的？」或者「我能從中找到什麼有趣的嗎？」

●簡化你的溝通風格

羞澀也來自於你給了自己太多的壓力，比如，你想要給別人留下風趣和深刻的印象。如果你想更舒心，不妨試試大多數成功溝通者使用的技巧。

這種技巧說的是：言談舉止要更爲隨意，而不是去顯擺。交談時，要表現得自己好像對很多事都不確定，或自己不想談論過於嚴肅的話題。這樣會給你創造一種舒適的氛圍，鼓勵你進行低調的談話。而別人會覺得你是一個隨意開放的人，而不是一個虛僞勢利的人。

●早點到讓自己熟悉環境

另一種克服羞澀的方法是，早點到派對，和你看到的人聊聊天。早點到，可以點些吃的，在其他人到之前，讓自己擁有一種在家裡的自在感覺。隨著越來越多的人加入，你面對很多人也會越來越舒適。這主要是因爲你做好了熱身，並準備好了對話的情緒狀態。

●鼓舞他人

派對使你羞怯的另一方面是，你會覺得每個人都知道彼此，而這種觀念在通常情況下是錯的。受歡迎、嗓門大的人似乎會得到更多關注，如果你只把注意力集中到這類人身上，就會很容易產生這種錯誤的觀念。與此同時，如果你留意其他人，你會看到也有人是單獨來的，他們希望能結交到朋友。如果他們看起來很親切，但在猶豫要不要和別人聊天時，不妨走過去寒暄幾句，看他們是不是願意聊天。

● 準備B計畫

想要在聚會上感覺良好，就需要避免那種「我必須得待在這裡」的勉強感覺。比如說，如果你已經受到他人的邀請，你可以提前對主人表示，自己可能要早些離開，因爲還有其他事要處理。當然，這件事可以是任何事。這種方法能讓你克服自己的羞澀，因爲你知道一旦自己感覺緊張了，至少還可以離開。

9 做個聰明女人，敏感話題請繞行

在我們的生活中，並不是所有的話題在任何時間、任何地點都適合拿來公開談論的。

在丈夫競選期間，蜜雪兒曾說「這是我一生中第一次熱愛美國」，這句話被對手抓住，說他們夫婦兩人都是不愛國的極端自由派，差點毀了歐巴馬的前程。而今，蜜雪兒早已今非昔比，總有記者會問她一些敏感話題，但已經難不倒蜜雪兒。比如，有記者問她對共和黨女強人佩林的看法，蜜雪兒回答：「我和她不熟。」而作為一個信仰進步主義的女性，蜜雪兒對婦女墮胎等問題也閉口不談。她和新聞秘書們都知道，她只要一開口，很快就會變成新聞，而且多半不符合白宮的「宣傳口徑」。

因此，要想在社交場合中建立起良好的口碑，贏得好人緣，你必須知道下面幾個談話的禁忌，從而在談話中避開這些暗礁。

●和不熟悉的人不討論價格

與不熟悉的人交談時，不問對方衣服的品質、價格，首飾的真假等。如果在社交場合問對方這些問題，會使人難以回答，甚至陷入難堪的境地。

●社交場合話題要高雅

社交場合中，不要以荒誕離奇、聳人聽聞、黃色淫穢的內容爲話題，也不應開低級庸俗的玩笑，更不能嘲弄他人的生理缺陷，那樣只會證明自己的格調不高。

● 別把自己的隱私拿出來大談特談

雖然說在與人交往時，適當的自我暴露可以拉近與對方的距離，但你的話題一直圍繞著自己的隱私，就會引起對方反感，覺得你是一個沒有分寸的人。

● 不要提別人的傷心事

不要和對方提起他所受的傷害，例如，他離婚了或是家人去世等。若是對方主動提起，則需要表現出同情，並聽他訴說，但請不要為了滿足自己的好奇心而追問不休。

● 如果不是幽默，請終止

幽默是我們所提倡的，但不是每個人都會幽默。如果你的幽默言語經常讓別人捧腹開懷，那麼請繼續；可如果你的幽默會讓別人鐵青著臉離開，那麼最好打住。

● 不要隨便評價別人

如果你實在忍不住想談論謠言，不妨去找你最貼心的朋友，而不要向一個陌生人談論他完全不感興趣的話題。喜歡散播謠言的人，往往以為每個人都和他一樣喜歡評論別人。

●別總盯著別人的健康狀況

有嚴重疾病如癌症的人，通常不希望自己成為談話的焦點。不要做個大嘴巴，一看到大病初癒的人，就大聲昭告天下，這樣你會成為對方最想「痛揍」的人。

●讓爭議性的話題

除非你很清楚對方的立場，否則應避免談到具有爭論性的敏感話題，如宗教、政治、黨派等話題，會引起雙方對立僵持的情況，對某些風俗習慣、個人愛好也不要妄加非議。

●不要詢問別人的隱私

不隨便問收入和年齡是社交場合中要注意的。與女士交談時，不論及對方美醜胖瘦，特別是女士的衣服、髮型、氣色等，除非是表示真誠而適度的稱讚。

●要杜絕在背後說他人的短長

與人交談時，不說他人的壞話，也不傳閒話。這不僅是禮儀的需要，還是交往成功的保證。富蘭克林在談到他成功的秘訣時曾說：「我不說任何人的壞話，我只說我所知道的每個人的長處。」背後對人說長論短，是最令人厭惡的事情。

10 用心提升內涵，出口才能成章

有些女人是天生的社交高手。這不是因為她們擁有傾國傾城的容貌，而是因為她們在任何場合都能口吐蓮花、妙語連珠，博得滿堂彩。

女人如何提升自己的內涵呢？具體來講，應該從以下幾個方面多下工夫：

- 隨時更新知識積累
- 多看新聞，關心時政
- 塑造自信性格
- 聰明博學
- 穿著得當，品味獨到

- 言語風趣，收放自如
- 追求愛情，卻不癡迷
- 善待自己
- 擁有主見
- 很好地控制情緒
- 保留一點神秘感

第五章
秀外慧中，知性美讓優雅歷久彌新

1 書是女人最好的飾品

曾幾何時，我們或忙於工作，或忙於家庭瑣事，讀書已經成爲一件奢侈的事情。不妨給自己一點點時間，讓自己徜徉在書的世界裡，在字裡行間汲取營養，爲自己的人生增添一份內在的韻味。

莎士比亞說：「生活裡沒有書籍，就好像生命沒有陽光；智慧裡沒有書籍，就好像鳥兒沒有翅膀。」由此可見，書籍在我們生活中多麼重要。讀書可以讓女人更優雅，好書可以滋養女人的心靈，讓女人不斷完善自己。

曾有人說，假如一個女人有十分的美麗，可若少了書的相伴，她就會失去七分的魅力和韻味。有一種女人雖算不上傾國傾城，卻散發著獨特的魅力，她的吸引力不在於外表，而在於那份渾身流溢的書卷氣息。高爾基說：「學問改變氣質。」讀書是氣質、精神永保青春的源泉。讀書是不分年齡界限的，知識是最好的美容佳品，書是女人氣質的時裝，書更是生活中不可缺少的調味品。

因此，女人要養成讀書的習慣，不要在用「工作很忙」「沒有時間」等理由來拒絕讀書。魯迅說過：「時間就像海綿裡的水，只要願擠，總還是有的。」所以，就算工作再忙，女人要堅持閱讀，提高自己的情趣和見識，做個既感性又知性的氣質美女。

2 智慧之美勝過容顏

女人可以不美麗，但不能沒有智慧，智慧能重塑美麗，惟有智慧能使美麗長駐，使美麗有質的內涵。

有智慧的女人有自己的想法，會獨立思考，不會隨波逐流，人云亦云。

有智慧的女人是快樂的。她們自信、自強、自立，談吐風趣而豐富，既給別人帶來快樂，同時也快樂自己。她們擁有幸福的法寶，因爲智慧讓她們認識到世界的豐富與廣闊，讓她們能洞悉世事百態和人間萬象，淡定地面對榮辱，化挫折爲動力、化險爲夷。

智慧，是閃光的金鑰匙，是開啓成功之門的法寶，俗話說，三十歲前的相貌是天生的，三十歲後的相貌靠後天培養。智慧一點點從內心雕琢一個人，塑造一個人。智慧使女人能真正把握好自己，並獲得從容自信，最後周身散透出超然的氣質，從人群中脫穎而出。

3 儘早開始提高交朋友的水準

怎樣才能嫁給一個總統？希拉蕊在耶魯圖書館遇到單相思已久的柯林頓，戈巴契夫在莫斯科大學念書時認識了賴莎，對於女人來說，早早結識那些還沒開始發光的潛力股，不僅僅是爲了結婚，而是在未來的人生路上，這些人脈才是你最大的財富。很多時候，認識誰比你是誰更加重要！

人脈是一種無形的資產，它可以爲你帶來實實在在的幫助，也可以化作有形的財富。只要你善於經營人脈，利用人脈，你的人生路一定會越走越寬廣。

可是，我們應該認識誰？又該如何去認識他們呢？

首先，找出百分之八的關鍵人物。

據統計，決定一個人一生生活品質的人，只占一個人所有人脈中的百分之八，正是這爲數不多的百分之八的人決定和影響了我們的一生。

他們極可能是你的導師——幫你解決人生路上的迷惑，指明人生方向；

可能是一位醫術高超的醫生——能幫你和你身邊的親友減少健康方面的顧慮；

也可能是你的愛人——在你人生中最困難的時候，無條件地給予你最大的支持和鼓勵……

這些人影響和決定了你的一生，所以，與其將多餘的時間浪費在毫無意義的娛樂、聚會上，不如將時間更多地分給這些重要人物。

其次，你要明白——真正的友誼需要沉澱。

千萬不要以爲有過點頭之交，你們就可以成爲朋友了，要知道，真正的友誼是需要積累和沉澱的。比如，比爾·蓋茲與他的老友史蒂夫·

鮑爾默，他們的友誼長達幾十年，他們不僅是商場上的戰友，私底下也是很要好的老友。

4 培養幾樣讓你著迷的愛好

人不一定擁有物質上的滿足就會活得幸福，也不一定得到愛情的滋潤就會稱心如意。因爲，有時精神上的滿足比任何物質都充實，內心飽滿的生活才會充滿意境。

擁有興趣愛好的女人，是懂得享受生活的女人；是懂得擁有自己空間的女人，她的世界不僅僅是圍著老公、孩子、家務打轉，她的內心更加飽滿充盈，生活更加詩意。

一個懂得生活的女人必然熱愛生活，這些興趣愛好，可以讓你更加充實，可以更加堅強面對生活中的低谷與挫折。

5 找到適合自己的格調

「格調」是什麼呢？法國著名文學理論家和評論家羅蘭．巴特說：「有點錢，不要太多；有點權力，也不要太多；但要有大量的閒暇。讀書，寫作，和朋友們交往，喝酒（當然是葡萄酒），聽音樂，旅行等等。」

許多女性爲了使自己保持「上流淑女」的風範，穿自己不喜歡的衣裳，吃自己不喜歡的食物，看自己不喜歡的書，聽自己不喜歡的音樂，去自己不喜歡去的地方。文學、音樂、品味、禮儀等等，固然可以幫助我們提升生活的品質，可如果沉溺其中，反而會成爲一種負累，使我們享受不到原汁原味的生活。

一代才女張愛玲有一篇文章叫《談音樂》，可以讓正追求「格調」的女人們開開竅。

她說：「然而交響樂因爲編起來太複雜，作曲者必須經過艱苦的訓練，以後往往就沉溺於訓練之中，不能自拔。所以交響樂常有這個毛病：格律的成分過多。爲什麼隔一陣子就要來這麼一套？樂隊突然緊張起來，埋頭咬牙，進入決戰階段，一鼓作氣，再鼓三鼓，立志要把全場聽眾肅清剷除消滅。而觀眾只是頑強抵抗著，都是上等人，有高級的音樂修養，在無數的音樂會裡坐過的。根據以往的經驗，他們知道音樂會是會完的。我是中國人，喜歡喧嘩吵鬧，中國的鑼鼓是不問情由，劈頭劈腦打了下來的，再吵些我也能夠忍受，但是交響樂的攻勢是慢慢來的，需要不少的時間把大喇叭小喇叭鋼琴凡啞林一一安排佈置，四下裡埋伏起來，此起彼應，這樣有計劃的陰謀我害怕。」

張愛玲是出身名門望族，在國外留過學的才女，如此的身世學識卻沒有八股氣，她只喜歡人間的、世俗的美，深知平凡生命的樂趣。所以「高雅的女人愛音樂」的大帽子壓不倒誰，你喜歡什麼，不喜歡什麼，盡可以按自己的興趣去選擇。

其實，真正的大家風範，就是先做好你自己。

格調是一種智慧，我們要做發揮自己本色的格調女人，從容自信地處世。

格調也是一種個性，是一種自我的堅持，從不去盲目複製別人的美，因爲格調是獨一無二的。格調蘊藏在個體的差異之中，只有打造出一個全新的自我，才能擁有不同於一般女人的韻味，成爲一個讓人一見難忘的人。

6 留一杯下午茶的獨處時間

生活中，很多女性把時間給了孩子、給了老公、給了工作、給了家務，留給自己的時間卻很少，讓原本充滿活力的心靈變得麻木而僵硬。等到驀然回首時，看到的只是匆忙的腳印。所以有氣質的女性會給自己留一點享受獨處的時間，哪怕是很短的一杯下午茶的時間。

享受獨處的時間是一種幸福的能力，一種提升自己氣質的能力。面對繁瑣的生活，不妨「偷得浮生半日閒」，女人只有在獨處的時間裡徹底放鬆自己，才能遠離生活中的是非。而享受簡簡單單的一杯下午茶，放下心裡的包袱，卸下偽裝，在一個人的時間裡懂得享受自我，這樣的女人是美麗的。

獨處不是離群索居，也不是在寂寞的時候用來打發時間，更不是逃避現實的煩惱。而是在雜亂的生活中，給自己一點獨處的時間，用心來感受生活，通過感受生活來調正自己的內心，從而每天都會有一份好心情、好氣質。

懂得放鬆自己的女人，會勇於接受和適應生活中的無奈；懂得放鬆自己的女人，她們知道事情總有解決的一天，多餘的慌亂和煩躁只會擾亂自己平靜的生活。因此，這樣的女人也是有氣質和魅力無限的。

7 設計一個愜意的花草人生

現在，很多女人面對高壓的生活，選擇在舞廳、酒吧等娛樂場所中尋求刺激，以放鬆自己的身心，但是這種發洩方式是消極的，也不利於第二天生活和工作的繼續。實際上，我們完全可以放慢自己的腳步，做一點陶冶情操的事情來緩解自己。

聰明的女人懂得從平凡的生活中尋找樂趣，在簡單的樂趣中愉悅自己的身心。生活的匆忙，讓女性很難停下自己忙碌的腳步。但是，如果家裡有一盆需要你照顧的花草呢？它不會佔用你什麼時間，也不需要你太多的關心，只要一點水、一點陽光，你就會收穫滿滿的快樂。

有人說：「有喜有憂，有笑有淚，有花有實，有香有色，既須勞動，又長見識，這就是養花的樂趣。」所以，每天爲了生活而奔波的女人，不妨養點花草，以點綴自己過於單調而匆忙的生活，讓自己的生活更富有詩意，讓自己的性情變得更美好。愜意的花草人生，女人何樂而不爲呢？

8 做個食人間煙火的氣質美女

女人不要認爲不食人間煙火的女人是最有魅力的，要知道，不食人間煙火是生活在虛幻中，只要活在這個世界上，就難免沾染人間的煙火。當一個女人繫著圍裙在廚房忙碌著，不久端出色香味俱全的菜飯時，這時候的女人會得到別人的讚嘆。而且，這類女人的氣質更具生活化，不會給人很不真實的感覺。

因此女人要有自己的幾個私房菜，不僅會讓自己的生活更有品質，也會讓自己的氣質更有魅力。就算要做氣質美女，也要做個食人間煙火的氣質美女。

9 業餘時不妨學會理財

愛因斯坦說過：「人與人的差別，主要取決於對八小時以外時間的利用。」

很多會生活的女性，不是她們在工作中做了什麼，而是善於利用工作以外的時間。很多時候，女人因爲浪費了很多的業餘時間，或是不知道自己該幹點什麼，所以最後一直都是碌碌無爲。

回答以下幾個問題，看看你對業餘時間的安排是否是最有效的。

每天除了八個小時的工作之外你會做些什麼？

你的業餘愛好會讓你有所收穫嗎？

你對自己的金錢有想法嗎？

知道理財是什麼概念嗎？

想過用錢生錢，或者是對自己的金錢有個合理的安排嗎？

如果你的回答全部都是「是」，那麼你對金錢的安排就有了一個合理的計畫；如果你的回答是「不是」，那麼不妨利用業餘時間來學習一下理財知識吧。因爲女人總有一天要「管家」和「管賬」，理財的知識對現在的女性十分重要。

女人在理財的時候，首先要制定一個理財的目標。比如要買多少價位的房子，關鍵在於是今年買房子還是明年買房子，而不是單純地把買房作爲一個理財的目標。

其次，要瞭解自己的風險偏好。依據自己的情況，比如是否成家、是否有需要供養的人口、平時的支出占收入的多少，然後考慮自己的投資趨向，是股市、基金或不動產。在做投資之前，頭腦必須清醒理智。

最後，女人要對自己的資產進行合理的分配，長久地持續下去。例如拿出三成的薪資投資股市，無論股市前景有多好，仍堅持固定在三成；如果不想資產有風險，那麼也可以選擇保守性理財，比如定存、貨幣基金等相對來說比較穩定的投資。

10 學些享受生活的小秘方

經常有人抱怨生活中沒有太多的樂趣，實際上，我們只是讓消極的情緒掩蓋了快樂的心情。生活中的樂趣無處不在，關鍵是我們有沒有能夠發現快樂的眼睛。當我們對生活充滿熱情，善於挖掘生活中的樂趣時，我們會發現，原來快樂一直就在自己的身邊。

- **快樂記事簿**：養成每天寫日記的習慣，記下每天的快樂心情，使你快樂的人物和地點，心血來潮時就拿出來重溫快樂時光，留住生活中美好的時光，千萬不要將不愉快的情緒留到明天。
- **到超市購物**：每逢星期天就到超市大肆採購一番，將冰箱裝得滿滿的，以帶來富足快樂的心情，迎接每個星期的第一天。

● **計畫一星期的打扮**：用相機拍下自己擁有的每一雙鞋子，貼在鞋盒的顯眼處，並在星期天安排好下個星期的服飾搭配。這樣每天一早起床，不用爲當天要穿哪件衣服而傷腦筋，省下來的時間可以用來享用美味的早餐，或做臉部按摩運動。

● **善用數字**：習慣數字帶給你的興奮，利用數字帶來的推動力讓自己慢慢進步，就算今天比昨天只多做了一兩個仰臥起坐，也能帶給你小小的快樂及成就感。畢竟一想到今天的我將會比昨天更接近目標，那種快樂是無法形容的。

● **接收最新資訊**：每日利用一小時上網，在吸取無邊的知識之餘，又可享受比別人早一步發現新知的樂趣。

● **日行一善**：不論是扶老婆婆過馬路，在公司裡幫同事一點小忙，都算是好事，會使你一整天都擁有一個快樂的好心情。

● **善於利用時間**：不要固定守在電視機前，只有成爲一位時間管理專家，才能感受到有效善用時間的樂趣。

●**不同主題的日子**：依照你喜歡的方式，爲自己精心計畫一星期的特定日子，譬如打球日、逛街日、約會日、睡覺日、學習日，積極快樂地享受每一天。

●**在家尋寶**：你一定有時會發現家中某種東西不翼而飛，但日子久了也就不了了之，然後無意間在一次打掃衛生中，它突然出現在你眼前，這種在家尋寶失而復得的心情真的很開心。而且定期清理舊東西，讓家裡窗明几淨、空氣流通，也有除舊迎新、增加正能量的功效，有時還會有不小的意外收穫。

●**夢想剪貼圖**：專家說過，沒有設定目標的人，就永遠達不到目標。將你的理想、目標視覺化，以圖片的方式剪貼在卡紙上，有空就拿出來欣賞。圖片看多了，可以刺激我們去努力達成某個目標，讓自己早日享受夢想成真的滿足感。

●**偶爾節制一下**：長大後的我們可以隨時買到自己需要的東西，卻忘了珍惜自己身邊擁有的，也忘了什麼叫得來不易。因此，不妨訓練自己在發薪水的那個星期才購物，平常的日子就感受一下節制的樂趣。

● **早起的樂趣**：試著培養早起一小時的好習慣，你不但會多了寶貴的寧靜時間及充裕的精力，你也一定會愛上那個早晨恬靜清新的感受。

● **儲蓄樂**：買個漂亮的小豬錢箱放在你的辦公室桌上，作爲你旅遊、買大衣或做善事的基金，每天「餵」它一次，會帶給你細水長流的快樂。

● **養寵物**：爲自己買棵小盆栽或養個小動物，會使你心情愉快。在你的悉心照顧下，牠（它）一天一天地長大，這時你一定會體會到經過付出而得到收穫的快樂。

● **經常保持愉快的心境**：再怎樣善待自己，最重要的還是經常保持著愉快的心境，如此，你才能收到事半功倍的美容效果。

● **享受天倫樂**：家人永遠是你最重要的精神支柱，好好珍惜和他們的關係，定期爲自己安排喜歡的家庭活動，有了家人親切的支持，做起事來必定更加起勁。

● **享受音樂**：辛苦工作後，利用休息時間聽聽自己喜歡的音樂，好好地獎賞自己一番。陶醉在優美的音樂旋律中，能幫你緩解疲勞，帶給你不可思議的美妙感受。

● **休假的藝術**：在不用上班的日子裡，你也可以過得既浪漫又有效率，如果不想讓假日空白，平時就應該做好休假的規劃，利用週末的時間，做你平日想做又一直沒有時間做的事，讓自己過一個有價值又豐盛的週末。

● **想像快樂**：人類的潛能是非常奇妙的，好好運用我們的第六感和意志力，樂觀進取地想著經過努力後帶來成功的美好情景，讓自己經常有著正面的思想，它會在不知不覺中使你越來越接近成功。

● **愛情的魔力**：經常跟愛侶分享生活上的喜悅、生活中的點點滴滴，在對方沮喪或不開心時給予適當的慰藉與關懷，不但能更加滋養彼此之間的愛情，更可激勵彼此不斷向上。

● **不要忘記快樂**：你一定聽說過，笑口常開的人比較容易青春常駐。因此，要想青春不老，就別忘了一定要常保持樂觀進取的態度，積極快樂地過每一天。

● **自我增值**：定期上不同且對自己有益的興趣班和訓練課程，體驗不同領域帶來的學習樂趣和成就感，只要忙得充實有意義，你的每一種興趣都會帶給你不同程度的成就感。

第六章
琴瑟和諧，做婚戀中優雅的操盤者

1 把握好距離，才能把握住幸福

有一個故事說，兩隻豪豬在嚴寒中伏臥在一起，想得到對方的溫暖，但由於靠得太近，身上的刺刺傷了對方，只好保持適當的距離，以達到既不受傷害又不失溫暖的目的。

所以，夫妻之間應該保持適當的距離，唯有把握好相處的距離，才能互相包容對方身上不同的差異，同時又能維護良好的感情。

愛情是甜蜜的，但它也有秉性，如同仙人掌，它明明不需要太多的水分，如果你因爲「愛」拼命地澆灌，結果可想而知。

想要呵護自己的愛情，就必須掌握愛的秘訣——適當地保持距離。真正的愛是有彈性的，彼此不是僵硬的佔有，也不是軟弱的依附。沒有縫隙的愛是可怕的、令人生畏的，愛情在其中失去了自由呼吸的空氣，遲早會因窒息而「死亡」。

不聰明的女人往往刻意要求對方公開他的「秘密空間」，甚至認爲對方公開透明的程度，是愛的忠誠度的考量標準。於是，手機通訊記錄、個人郵箱等都要向其坦白。

沒有距離感的感情讓人無法呼吸，就像抓沙子一樣，越是想抓得緊、抓得多，反而流失得越快、越多。等到對方實在受不了了，可能就是他要離開的時候了。

所以，距離可以說在一定程度上決定了兩個人相處的幸福指數。把握好距離，也就等於把握住了幸福。

適當地創造距離感，有時可以為感情生活注入更加新鮮的活力與滋味。適時地給婚姻減壓，讓各自保留新鮮感，為生活增添更多樂趣。

2 感情是慢慢培養出來的

不要迷信一見鍾情。偶像劇中常上演的第一眼看到對方就愛上對方的戲碼，看似浪漫，但這種美麗的遇見，由於沒有經過相互瞭解，所以很不穩固。事實證明，閃婚常常會導致婚姻失敗；相反，那些日久生情的夫妻，比較經得起時間的考驗。

在古代，男女雙方婚前連對方的面都沒見過，但也傳出了不少轟轟烈烈的愛情故事。反觀現代社會，在先戀愛後結婚的模式下，離婚率卻越來越高，「閃婚族」往往淪落爲「閃離族」。如果我們把愛情比作美食，那麼「一見鍾情」的愛情就像速食，只能讓人滿足一時的口欲，保持一時的新鮮感，當它無法提供自身所需要的營養時，人自然會選擇放棄；而「日久生情」的愛情就像是一鍋雞湯，經過長時間的細火慢燉，營養豐富，味道回味無窮。

感情中雙方要學會「求同存異」，兩個人生活在一起，脾氣性格、生活習慣和愛好不可能完全相同，非要把自己的標準強加給對方，只會引起對方的反感和不滿。因此，「大事求同，小事存異」才是明智之舉，並且對一些雞毛蒜皮的小事不要斤斤計較。

瞬間的激情碰撞出閃電般的火光；霎時的兩情相悅，演繹成海誓山盟。但這一切，並不足以照亮通往婚姻殿堂的康莊大道，許多跋涉在愛情征途上的男女，在美麗的愛情之花綻放時，仍然選擇持久地去瞭解、認識、考驗對方。因爲慢慢培養出來的感情，才能抵擋住漫漫人生路上的風雨侵襲。

3 在丈夫面前記得做個「弱者」

鐵娘子柴契爾夫人曾說：「女人一生所犯的最大錯誤，就是忘記了自己是女人。」

爲什麼很多男人「談女強人而色變」？有事業心的女性被賦予了「女強人」的稱號後，反而令人「望而生畏」呢？

如果僅僅因爲女人在事業上獲得成功，領導著一群男人，男人心中產生一種不平衡倒還罷了，要命的是，不少妻子在婚後放棄了女性的特質，她們從髮型到服飾、從談話的風格到做事的決斷，處處顯示出一種「強勢」的作風。由於她們忽視了保持女人天性中柔美溫和的一面，當她們以男性化的模式去處世待人時，男人就會明顯地感到一種威脅和挑戰。長此以往，婚姻自然陷入危機之中。

聰明的女人懂得如何在他人面前做強人，在丈夫面前做弱者。她們時刻不忘自己的身分：女人和妻子！她們不僅是事業上的佼佼者、女強人，也是丈夫面前的好妻子。

作爲想有所建樹的職業女性，要做到在職場上叱吒風雲是個強者，又要在丈夫面前做個弱者。可怎樣才能做到在兩者之間完美轉換呢？

● **外表形象方面**，採取柔中透著不卑不亢的原則才是上策。既要在外顯示出自己精明幹練的素質和能力，又要莊重淑婉。所以在衣著方面不要模仿男性的粗獷和豪爽，有一點兒瀟灑足矣，但不要太過。

● **在待人處世方面**，切記不能太過強勢。尤其是在丈夫面前以及處理家事時，要給丈夫一些機會，不要失去妻子的本色。如果失去了作爲女人的天性，也就失去了大部分的你，那樣你也很難得到他人的認同。

● **懂得及時轉變自己的身分**。上班時當個「女強人」，下班後則變得小鳥依人，在家裡甘居下風。

● **適時表現出自己的軟弱**。如果你像隻母夜叉一樣，丈夫絕對怕死你了。誰願意與一隻母夜叉相處呢？

● **不要總是以自己為中心**。在丈夫面前做個弱者，是讓丈夫疼你的潛在語言，如果你強得誰都不需要了，那只會自找苦吃。

另外，妻子在丈夫面前做個弱者，也給丈夫提升自信提供了一個平臺。丈夫在認識到自己的價值之後，更能激起他潛在的熱情。反之，若是做妻子的強得超過了丈夫，丈夫被損得一文不值，那丈夫還有什麼顏面可談？丈夫沒了顏面，作爲妻子又何來「裡子」？

4 愛，是兩人同站一個角度

愛情是建立在共同的基礎上的。很多女人的感情、生活、工作和男人是兩條永不相交的平行線，他們各有各的圈子，因此，久而久之感情難免會淡化。

真正的愛情不是四目相對，而是兩個人同視一個方向。如果愛不是建立在共同的追求和價值觀的基礎上，那麼兩個人將來會很容易出現問題。

俗話說：「患難見真情，貧賤夫妻百日恩。」所以女人只有在精神上多給男人支持、安慰，才會讓男人對自己死心塌地。

很多婚姻的失敗與男人最後的出軌，有一個相似的原因是，他們沒有共同語言。不只是單純的沒有話題，更多的是男人從女人那裡得不到精神上的共鳴。所以只有女人在精神上和自己的男人共同成長，婚姻的城池才會更加牢固。比如培養一些共同的愛好、相同的興趣，這樣會讓婚姻的紐帶更加有力而富有彈性。

如果夫妻雙方把各自封閉在自己的小圈子之中，愛的溫度是很難維持的。為了避免價值觀的衝突，保證雙方同視一個方向，就要多花一點時間去和對方溝通。

誠如心理學家埃斯特拉德所說：「只要彼此相愛，就沒有什麼不可逾越的障礙。如果雙方決定共同生活，並讓兩個不同的內心世界和平相處，他們就會真心實意地接受彼此的差異。」

兩個人同視一個方向，讓彼此擁有相同或相似的價值觀，擁抱和諧幸福的生活。

5 像經營事業一樣去經營家庭

當女人脫掉戀愛那層浪漫的外衣，勇敢地踏上紅毯，過著日復一日柴米油鹽般瑣碎的生活時，那句「婚姻是墳墓」的經典語句就開始在女人腦中迴蕩。難道婚姻真的是墳墓？

善於經營婚姻的女人，會把婚後瑣碎的生活經營得如愛情般甜蜜和諧，甚至有過之而無不及，婚姻對她們而言就像天堂般美好；而那些不懂得經營婚姻的人，總抱怨婚姻是愛情的墳墓，她們眼睜睜看著愛情在婚姻中慢慢地走向平淡，以往的甜蜜都成過眼雲煙，然後一個人暗自神傷。所以「婚姻是墳墓」只是一些人不善經營的藉口，要想在婚姻中美滿幸福，就不要有婚姻是墳墓的想法。

婚姻雖不是墳墓，但要想婚姻成爲天堂，我們也需要付出努力。在平淡的生活裡，如果你用心去體會丈夫的深情、家的溫暖，那麼你依舊可以在操勞的生活裡感受家的溫馨，在難以相處的婆媳關係中發現樂趣，在平凡的婚姻中找到天堂的美好。

只要有愛，婚姻就不是墳墓；只要用真誠與理解打造婚姻，婚姻就可以是愛情的天堂；只要夫妻兩人在婚姻的殿堂裡牽手走過艱辛，踏過荊棘，雙方就可以創造出屬於婚姻的天堂。

6 優雅的女人，會將吵架變成感情潤滑劑

不要以爲夫妻吵架就是不合，也許不吵架才是真正的不合。美國曾經做過一個調查，夫妻之間經常吵架的，離婚率要遠遠低於那些很少甚至幾乎不吵架的夫妻。

這個調查結果得到了很多人的認同，我們來分析一下。經常吵鬧的夫妻，會把心中的怨氣都傾吐出來，最後大家在冷靜之後，考慮到自己確實在某個方面做得不夠，然後會在以後的日子裡用點心思，加以改進。但是不吵鬧的夫妻，彼此的心思對方都不瞭解，就算心中有很多不滿，也沒有講出來，最後兩個人的共同語言越來越少。回家後，除了吃飯、睡覺，好像就沒什麼話說，最後覺得過得好無趣，乾脆離婚算了，

這樣就增加了離婚的機率。

但是吵架也要有限度，要講究藝術。我們都是受過文明教化的人，所以吵架也要用一種文明的態度，而更知性的是一種理性的態度。

淡定的女人要明白的一個道理是，吵架只是爲了讓雙方釋放心中的不滿，通過對方的言辭找到你們的異同點，以此來發現你還有什麼地方需要和老公磨合，什麼才是他需要的；而且，你也要大膽地表達自己的所需，你的心事在這個時候盡可以表達出來。

記得，不要讓男人去猜女人的心事。你應該明白，「女孩兒的心事真難猜，猜來猜去還是不明白」。直接告訴他你需要什麼，不要讓他猜。

吵架也有方法：

吵架的一個黃金定律是：吵架的話題一定是雙方都清楚的癥結所在，這樣雙方才容易在吵架中獲得共識。

吵架要就事論事，或者借這件事情表達自己的需要。但絕對要禁止的是：不要揭對方的短處，另外，不要牽扯彼此的父母或是其他人，更不要隨便就脫口離婚之類的話。

吵架是解決問題，不是製造更多的問題，應該本著大事化小、小事化無的原則吵架，擴大問題絕對不是吵架的目的。

當然，優雅的女人絕不會在吵架的時候爆粗口。別讓你的老公驚訝地張大嘴巴——因為他聽到了你骯髒不堪的粗話！

另外，不要離家出走。這會讓你看上去很可憐，損失你的自信心。不妨用搭計程車的錢叫一份Pizza，在家裡享用。你一個人能吃得了嗎？別浪費，分一半給他——他也吵累了。

7 握住幸福的沙漏——理解和包容

有句話說：「相愛容易相處難。」從甜蜜浪漫的戀人變成朝夕相處的夫妻，雙方如何相處才能讓愛情「保鮮」呢？

家庭和諧是直接關係家庭成員幸福指數的核心問題。作爲家庭中的核心成員，夫妻之間能否達到相互理解、相互包容，是家庭是否和諧的關鍵所在。在家庭生活中，有一種感動叫相親相愛，有一種感動叫相濡以沫，還有一種感動叫理解與包容。家庭猶如行駛在大海中的一帆小船，有時風平浪靜，一帆風順；有時風雨交加，急流暗礁，只有划動理解的槳，掛起包容的帆，夫妻同心協力才能到達幸福的彼岸。

如果把戀愛比作風花雪月的浪漫小夜曲，那麼婚姻就是鍋碗瓢盆命運交響曲，演奏著最樸實的樂章，譜寫著最平凡的家庭曲調。婚姻中的愛情，最終會慢慢地不再被提起，彼此更多的是同甘共苦、相互守候、相互扶持。在家庭中僅僅靠守望愛情的基礎是不夠的，夫妻還要用心去理解和包容對方，用心去經營和維繫婚姻。

婚姻裡沒有誰對不起誰的理由，都是爲了一個幸福快樂的家而彼此理解和包容。家庭不是一個人的事情，夫妻雙方都要對婚姻負責。

有這樣一句妙語：「婚姻是唯一沒有領導者的聯盟，但雙方都認爲自己是聯盟的領導。」試想，婚姻中一對陌路相逢的男女，有著各自的個性，他們要在同一個屋簷下風風雨雨幾十年，和睦相處一生實屬不易。個性的衝突往往會帶來家庭不和，而很多家庭也因此亮起了紅燈。此時，家庭更需要彼此的理解和包容。

梁思成的第二任妻子，《梁思成、林徽因與我》的作者林洙在她的書中寫道：

我曾經問起過梁公，金岳霖為林徽因終身不娶的事。

梁公笑了笑說：「我們住在總布胡同的時間，老金就住在我們家後院，但另有旁門出入。一九三一年，我從寶坻調查回來，徽因見到我哭喪著臉說，她苦惱極了，因為她同時愛上了兩個人，不知怎麼辦才好。她和我談話時一點不像妻子對丈夫談話，卻像個小妹妹在請哥哥拿主意。聽到這事，我半天說不出話，一種無法形容的痛苦緊緊地抓住了我，我感到血液也凝固了，連呼吸都困難。但我感謝徽因，她沒有把我當一個傻丈夫，她對我是坦白和信任的。」

林徽因把這種坦蕩做到了極致。

「我想了一夜該怎麼辦？我問自己，徽因到底和我幸福還是和老金一起幸福？我把自己、老金和徽因三個人反覆放在天平上衡量。我覺得儘管自己在文學藝術各方面有一定的修養，但我缺少老金那哲學家的頭腦，我認為自己不如老金，於是第二天，我把想了一夜的結論告訴徽因。我說她是自由的，如果她選擇了老金，祝願他們永遠幸福。我們都哭了。」

梁思成經過了複雜而痛苦的思想鬥爭後，才告訴林徽因這個結果。

後來，林徽因把梁思成的意思轉告給了金岳霖，老金的回答是：

「看來思成是真正愛你的，我不能去傷害一個真正愛你的人，我應該退出。」

林洙說：「從那次談話以後，梁思成再沒有和徽因談過這件事。因為他知道老金是個說到做到的人，徽因也是個誠實的人。後來，事實也證明了這一點，他們三個人始終是好朋友。他自己在工作上遇到的難題也常去請教老金，甚至連他和徽因吵架也常要老金來仲裁，因為他總是那麼理性，把他們因為情緒激動而搞糊塗的問題分析得一清二楚。」

真愛一個人，不一定要佔有，會為了對方的幸福而割捨自我的幸福。在這一點上，梁思成做到了。面對這樣的男人，林徽因亦給予了最令人感動且令男人都無法拒絕的話：「你給了我生命中不能承受之重，我將用一生來償還！」這一份「重」是丈夫對她的尊重和寬容。

林徽因用理解和坦誠換來了梁思成的信任和呵護；梁思成亦用大度和寬容，讓她死心塌地與他過完一生。

愛，其實就是理解和包容。真愛一個人，要懂得他和理解他，除了要愛他的優點之外，最重要的是接受和包容他的缺點。這樣的愛才是真愛，才能經受歲月和生活的重重考驗。

理解和包容別人，其實就是理解和包容自己，而多一點對別人的理解和包容，我們的生命中就會多一點自由空間。

家庭中的幸福，是一種甜蜜愛情的延續，是由婚姻中的理解和包容堆積而成的，是由真情實意串起的珍貴記憶。因此，這種理解和包容會珍藏在我們的心裡，如同存放在蜂房裡的花粉一樣，有朝一日會釀出甜蜜。理解和包容有著夫妻間心與心純潔的承諾，家庭中有了理解和包容，便會有很多讓自己感動的美好回憶。夫妻學會了理解和包容，會讓自己的心態更平和、心情更輕鬆、心胸更寬闊、人生更美麗。

8 愛，要落地生根

無數懵懂少女都曾經喃喃自語：「到底什麼是愛情呢？」其實，愛情有時候只是一種心靈上的感覺，一場精神上的盛宴。而在這樣的愛情裡，你感覺不到柴米油鹽的瑣碎，看不到捉襟見肘的窘迫，更不需要承擔某種責任，這樣的愛情美好卻虛幻。

如果愛情永遠都停留在這個時候，那麼它只是一個美麗的夢，千萬不要爲了這種感覺而沉迷，也不要讓自己因此而狼狽，更不要爲了這種感覺而放棄自己更加珍貴的東西。

生活無非是柴米油鹽醬醋茶，平平淡淡地過小日子，有個可以依靠的安全港灣，是很多女人的追求。徐志摩有才，是個大詩人，但林徽因不可能同他一起靠啃詩句過日子，儘管有愛，有感情，但生活畢竟是實實在在的生活。

感情是必要的，但感情本身當不了飯吃；獲得感情是必需的，但因感情而獲得幸福的生活才是最重要的。生活是一種真實的狀態。生活中可以有轟轟烈烈，但一直轟轟烈烈的絕對不是生活。

我們要明白，雖然感情往往會被一些生活瑣事所消磨，但生活恰恰就建立在這些瑣事之上。我們深陷愛河時，總以為感情就是生活的全部，但事實上，感情只是生活的開始。如果說感情是一項長跑，那麼生活就是跑道。我們需要調節好自己的心理，明白感情不是生活的全部，平淡的生活才是感情的最終歸宿。

9「吃醋」要適可而止

古龍說過：「這個世界上，不吃飯的女人也許還有幾個，但是不吃『醋』的卻一個都沒有。」

因爲愛，彷彿吃醋了成了女人的家常便飯。「醋罈子」「醋缸」這些雅號被自然地用在女人的身上，似乎會吃醋已經變成女人是否在乎的標誌。

雖然一些吃醋的表現讓男人很受用，但是也反映出了女人不自信的一面。而這樣的女人，時間長了也會被男人無情地拋棄。

看到自己的男人和別人有親密的舉動，會頓時醋意大發，常常讓男人摸不著頭腦，自己卻因吃醋生了一肚子的氣，所以女人吃醋也要適可而止，因爲你打翻醋瓶子的樣子一點都不可愛。

女人與其通過吃醋來證明很在乎對方，不如通過學習讓自己變得更有能力，更有本錢。如果自己變得更優秀了，那麼自己的愛情的安全係數隨之提高，吃醋也就沒有任何意義了。

如果吃醋是因爲自己的男人和其他女人多交談了一會，那麼女人可以學說一些笑話，或者多看一些書籍增長自己的知識，讓自己的口才變得更好，從而來彌補自己在交流過程中的缺陷。這樣的女人才是男人眼中會愛的女人，而不是一吃醋就一哭二鬧三上吊的無知婦女。

吃醋會影響到女人正常的行爲表現，女人會因爲吃醋，與自己的男人鬧彆扭，想了不該想的，做了不該做的，如果把最醜陋的那一面暴露出來，那麼女人也就沒有什麼氣質和魅力了。

其實，女人最有氣質的時候，是對生活保持激情，對自己充滿自信的時候。如果女人沒有了自信，失去了生活的激情，那麼女人的氣質也會隨之凋零。

所以，女人要收起自己的「醋瓶」，拿出自己的自信和本錢，不隨便吃「醋」。不吃過量的「醋」是氣質優雅的女人的愛情法則，這樣的女人，在男人的心目中是最有魅力的，也是最有自信的。

10 去愛一個能給你正能量的人

愛情從短期看，是一種從內心噴薄而出的情感夢幻，是一種願意爲對方付出所有的衝動，但從長期看，它需要現實的養分。

跟不同的男人戀愛，會有不同的能量。有的男人只會給你負能量，讓你得不到成長，甚至可能會傷筋動骨，身心俱疲，一無所獲；而有的男人卻能讓你在戀愛中得到成長，即使失戀，你也會正確對待，你的人生會越來越順利。

不要找一個沒有激情、沒有好奇心的人過日子，因爲他們只會窩在家裡，唉聲嘆氣地抱怨生活真沒勁；只會打開電視，翻來覆去地調轉頻道，好像除了看電視再也想不出其他的娛樂項目。如此，人生會在沒完沒了的工作和電視節目中度過。

擁有正能量的人，會對很多事情充滿好奇，無論遇到什麼樣的新鮮事物都想嘗試一下。比如他會帶你去嘗試一家新的餐廳，帶你去看一場口碑不錯的電影，帶你去一個陌生的城市旅行。你會發現世界很大，值得用一生去不斷嘗試。

不要找一個沒有安全感的人過日子，他們會一直幻想各種可能的不幸，為未來的災難而焦慮。他們一直在想該怎麼辦，一直擔心禍事即將降臨。他們將自己視為救火隊員，每天撲向那些或有或無、或虛或實的災情，不停算計、緊張和憂愁。

擁有正能量的人，會對生活樂觀，對自己信任。他們知道生活本來就悲喜交加，所以學會坦然面對，當快樂來臨時，會盡情享受；當煩擾來襲時，就理性解決。

他們相信人定勝天，確實無法獲勝時，就坦然接受。他們能夠正確認識自己，有自知之明，不會自我貶損也不會自我膨脹。他們在該獨立的時候獨立，該求助的時候求助。樂觀和自信的後面，深藏著他們對人生的豁達與包容。

第七章 管好情緒，維護優雅的氣質形象

1 換個角度看生活，別把不順總歸罪他人

女人總會把生活中的不順歸罪於他人，甚至歸罪於虛無縹緲的上天和命運，卻很少反問自己：我做對了嗎？難道這不是自己的錯嗎？

其實，人生的很多不順，往往都是自己在給自己出難題；生活的很多不快，往往都是自己在跟自己過不去！

有個婦人遇到不順心的事時總生氣，和鄰居朋友的關係搞得很僵。她試圖改變，卻一時又改不了，於是終日悶悶不樂。

有一天，她和一個好友聊天時，說出了心中的苦悶。朋友聽完，對她說：「我聽說南山廟裡的老和尚是個得道高僧，他也許可以幫你解決這個問題！」

於是，她去找那個高僧，對高僧說：「大師，我怎麼老是生氣呢？你能告訴我為什麼嗎？」

高僧笑而不答：「哦，施主，請跟我來！」

高僧把婦人帶到了一個小柴房的門口，說：「施主，請進！」

婦人很奇怪，不明白高僧的意思，但還是硬著頭皮走進了柴房。這時，高僧迅速把門關上並上了鎖，就轉身走了。

婦人生氣地罵道：「你這個死和尚，為什麼把我關在裡面？快放我出去……」

罵了很久，高僧也不理會。婦人開始哀求，高僧仍置若罔聞，最後婦人總算是沉默了。

高僧來到門外，問她：「你現在還生氣嗎？」

婦人老實回答說：「我只是在生自己的氣，我為什麼要來這鬼地方受罪。」

「連自己都不能原諒的人，怎麼能夠原諒別人呢？」高僧拂袖而去。

過了許久，高僧又來問她：「還生氣嗎？」

「現在不生氣了。」婦人回答說。

「為什麼呢？」

「氣也沒有辦法啊。」

「你的氣還沒有消失，還壓在心裡，爆發後仍會很劇烈。」高僧說完又離開了。

當高僧第三次來到門前時，婦人立即上前說：「我現在不生氣了，原因是不值得氣了。」

「還知道什麼叫不值得呀，看來心中還有衡量，還是有氣根。」高僧說。

最後，當高僧迎著夕陽站在門外時，婦人這樣問高僧：「大師，何為氣呢？」

高僧把手中的茶水傾灑在地上。婦人看了很久以後終於頓悟，叩謝後回去了。

從這個故事中，我們可以得出這樣的結論：很多時候，我們認爲是別人傷害了我們，卻從來都不知道從自身找原因。難道真的都是別人的錯嗎？仔細想想你就會發現：原來老天也很眷顧自己！朋友也從未曾主動離棄！何苦一定要生氣呢？

想想，氣就是別人吐出了但是你卻接到口裡的那種東西，所以，你一旦吞下它，就會覺得反胃；你不在意它的時候，它就會自動消失。

夕陽如金，皓月如銀，人生的幸福、快樂是享受不盡的，哪裡還有時間去生氣呢？

很多時候，我們往往去尋找快樂，結果卻本末倒置，惹了一身氣。不如別人時，會心生嫉妒，失去從容；發生意外時，會心生慌張，失去鎮定；痛失親人時，會失去理智，心生絕望。其實，如果從另外一個角度去看事情，就會明白：失去從容，只會令自己更加不如別人；失去鎮定，只能讓問題更加糟糕；心生絕望，於事無補。

一個人獨自去旅行，第一站是遊歷名山。

當她氣喘吁吁地爬到山頂時，她被眼前美麗的景色陶醉了。她拿著相機不停地拍，天色向晚猶不自知。

下山後，她才發現原本熱鬧的景區早已少有遊人了，自己也錯過了原本要搭乘的那輛車。她抱著相機長吁短嘆，愁眉不展。

從山下到自己租住的旅館至少有五公里的距離，步行回去至少要一個小時，更何況從早晨到現在，她已經在山上待了整整一天，體力早已耗盡，哪還有力氣走回去呢？

她坐在路旁開始生自己的氣，恨不得抽自己一巴掌。

此時，一個賣山產的老人收好攤子，問她：「小姐，天都黑了，怎麼還不回去，在等人啊？」

她氣呼呼地說：「沒車了，怎麼走？」

老人說：「沒車了就走回去，生氣有用嗎？」

她說：「走不動了，我在氣自己糊塗。」

老人說：「這也值得你生氣嗎？我問你，你上山是幹什麼來的？」

她說：「來旅遊，轉換心情啊！」

老人開導她說：「這就對啦。既然是旅遊，怎麼旅都是旅，坐車和走路有什麼不同？既然旅行是為了快樂，是為了愉悅心情，你何必自己找氣生，和自己過不去呢？」

她恍然大悟地點點頭，走向自己租住的旅館。儘管山裡的夜黑漆漆的，可這是她第一次在山裡走夜路，不一樣的經歷有了不一樣的感覺。

回到旅館的時間比設想的還提前了一刻鐘，洗漱完，她躺在旅館的床上，透著窗戶看向窗外的彎月，內心有一種從來沒有過的安寧。

生活中難免會有一些不如意的事，而這些不如意的事帶給每個人的影響各不相同。有些人可能會因爲這些不如意的事情鬱鬱寡歡，也有些人會從中發現快樂。

上帝對每個人都是公平的，只是每個人面對煩惱時，考慮問題的角度不同罷了。凡事多往好的方面想一想，心中就會有豁然開朗的感覺，眼前才會出現「柳暗花明又一村」的景象。

2 聰明女人不活在他人的價值觀裡

人活在這個世界上，追求的應當是自我價值的實現，並不是爲了他人而活。如果你追求的幸福是處處參照他人的模式，那麼將一生悲慘地活在他人的價值觀裡。

我們常常很在意自己在別人的眼裡究竟是一個什麼樣的形象，因此，爲了給他人留下一個好印象，我們總是事事都要做得最好，時時都要顯得比別人高明。在這種心理的驅使下，往往把自己推到一個永不停歇的痛苦軌道上。

然而，人活在世上，並不是一定要壓倒他人，也不是爲了他人而活，所追求的應當是自我價值的實現和對自我的珍惜。

值得注意的是，一個人是否實現自我價值，並不在於你比他人優秀多少，而在於你在精神上能否得到幸福的滿足。

真正聰明的女人，只要能夠得到他人所沒有的幸福，那麼即使你表現得不夠高明也沒有什麼。

有這樣一則故事：

一隻鶴想在自己的白裙子上繡一朵花，以顯出自己的嫵媚動人。剛繡了幾針，孔雀探過來問她：「鶴妹，你繡的什麼花呀？」

「我繡的是桃花，這樣能顯出我的嬌媚。」鶴羞澀地說。

「為什麼要繡桃花，桃花是易落的花，不吉祥，還是繡朵月月紅吧！月月紅又大方又吉利！」

鶴聽了，覺得言之有理，便把繡好的金線拆了，改繡月月紅。

正繡得入神時，只聽錦雞在耳邊說道：「鶴姐，月月紅花瓣太少了，顯得有些單調，我看還是繡朵大牡丹吧！牡丹是富貴花，顯得多麼雍容華貴！」

鶴覺得錦雞妹說得對，便又把繡好的月月紅拆了，改繡牡丹。繡了一半，畫眉飛過來，在頭上驚叫道：「鶴嫂，你愛在水塘裡棲歇，應該繡荷花才是，為什麼要繡牡丹呢？這跟你的習性太不協調了。荷花是多麼清淡素雅，出污泥而不染，亭亭玉立，多美呀！」

鶴聽了，覺得也是，便把牡丹拆了，改繡荷花……

每當鶴快繡好一朵花時，總有人提出不同的建議。她繡了拆，拆了繡，直到現在，白裙子上還是沒有繡出任何的花朵。

總會有人不時以過來人的姿態提出意見，認爲他的經驗也適用於你，對這種人，你要特別提防。每個人的經驗都各不相同，適於甲者不見得適於乙者，你要懂得過濾他人之言。

每個人都自有一套做事的辦法，因此他人的意見未必就適合你。

聰明的女人，要與反對者保持適當的距離，因爲總有一些人會說你的計畫無法實現、你會後悔作出這個決定。因此要培養健全的自我意識，學習取捨別人的意見，相信自己能夠辨別、挑戰和更替那些束縛和限制自我發展的想法，即使得不到別人的認可，你也不必沮喪，只需駐足聆聽自己的心聲，作出相應的決定就好。

3 自信的女人，總會給自己樂觀的評價

一個女人只要能正確地認識自己，並且能夠給自己一個很樂觀的評價，她就是一縷陽光，她總會給人一種充滿朝氣與活力的感覺，不論她是否年輕、是否漂亮，人們都會覺得她就是最美的女性。所以，我們要學會看到自己的長處，給自己打氣，給自己加油，人生路上縱有不如意，也不會氣餒，揮灑自如。

湯姆的公司因虧損上億元而破產，他因此而失魂落魄，在人們鄙夷的目光下沿街乞討，四處流浪。

如此殘酷的現實，使湯姆異常沮喪，甚至不止一次地想以死來解

脫所有的痛苦和煩惱。

一天，湯姆無精打采地走在大街上時，一位牧師看見了，便上前來關心他。

湯姆向牧師講述自己的悲慘遭遇，哀求說：「牧師，請您幫幫我吧。」

牧師沉默了一會兒道：「我實在是幫不了你，不過我知道誰能幫助你。」

「是誰？他在哪裡？」湯姆眼裡閃出一絲光芒。

「跟我來！」

牧師把他帶到一面大鏡子前，然後指著鏡子裡的人說：「就是他，你現在好好認識一下這個人吧！」

湯姆盯著鏡子裡的自己：失魂落魄，跟乞丐沒什麼兩樣；表情頹廢，讓人看不到希望；眼神無助而黯淡……他再也看不下去了，先是用雙手捂住了自己的臉，然後他好像明白了什麼，靜靜地走開了。

幾年後的一天，牧師看到一個意氣風發的人朝自己走來，他步伐輕快有力，眼神自信堅定。

男人走到牧師面前，說：「牧師，我是來向您表示謝意的。是您讓我認識到自己，只有相信自己才能找到出路。從您這裡離開後，我先找到一份工作，然後用積蓄開了一家公司，如今我的事業比最初發展得還要好。」

牧師這才想起幾年前在大街上遇到的那個流浪漢湯姆。

自信所擁有的力量是不是讓人驚奇？無論在多麼糟糕的情況下，人都可以找到出路，即使沒有機遇，人也可以自己創造機遇。

卡內基說：「信心和勇氣能夠導致激揚奮發的情緒，會使整個人像是突然被充電一樣帶勁，會立即產生一種超越困難的欲望，把身體的潛能挖掘出來，並憑著它去成功。」

世界著名的游泳健將佛洛倫絲・查德威克，從卡得林那島游向加利福尼亞海灣時，在海水中泡了足足十六個小時後，她看見前面大霧茫茫，心想：「怎麼看不到頭呢，何時才能游到彼岸啊？」

失去了信心的她頓時渾身困乏，再也沒有辦法向前游動，最終以放棄告終。

事後，她才知道那時候她已經快要到達終點了，成功的彼岸就在前方。

阻礙她成功的不是大霧，而是她內心的動搖。因為被大霧擋住視線後，她對創造新的紀錄喪失了信心，才被大霧所俘虜。

為了彌補這次的過失和遺憾，她在兩個月後決定重游加利福尼亞海灣。

游到最後，她感到非常疲乏，但是想到上次的教訓，她便不停地鼓勵自己：「離岸邊越來越近了！不能功虧一簣！」

潛意識裡發出的強烈信號——「我這次一定能打破紀錄！」令她

頓時渾身充滿力量。最後，她終於超越了自己，做到了自己原來沒有做到的事。

科學研究表明，人的潛能是無窮的，就算是眾多取得偉大成就的成功人士，如愛因斯坦、牛頓等，他們的潛能也不過只開發了百分之十。而普通人所利用的大腦潛能更是少之又少。因此，要相信自己能夠繼續進步，相信自己完全可以實現更高的目標，只有相信自己具有無窮的潛力，才能真正下功夫去發掘自己的潛力，才能取得輝煌的成就。

TIPS

讓自己更自信的小竅門

人不可避免地會遭遇失意、挫折。這時候，怎樣重樹自信心就顯得尤其重要。

英國心理學家克列爾．拉依涅爾就如何增強自信心，提出了以下建議：

● 早中晚都照一遍鏡子，整理自己的儀表，以對自己的儀表放心。

● 要想自己的長處，忽略自己的缺陷。「金無足赤，人無完人。」不要總把自己的缺陷放在心上。

● 很多你認為是窘態的狀況，可能別人根本沒有注意到，因此自己也無須過於在意。

● 不要總是批評別人，因為總是指責別人是缺乏自信的表現。

● 學會沉默是金，不急於表現自己，多數人喜歡的是聽眾。因此當別人在講話的時候，不要急著插話來贏得別人的好感。你只要當個合格的聽眾，他們就一定會喜歡你。

● 「知之為知之，不知為不知。」不懂裝懂不但不能保全形象，還會讓人覺得你不夠誠實可靠。別人取得了成就，要給以讚賞，不要做假裝不在乎，羨慕就說羨慕。

●爲自己找一個能夠在任何情況下陪伴的朋友，這樣，無論遭遇怎樣的失意，你都不會感到孤獨。

●學會保持沉默。對有敵意的人，你可以保持沉默。

●不要讓自己處於不利的地位，因爲別人的同情也會打擊你的自信心。

4 學會熔煉嫉妒心

女人多少有點嫉妒心，因此容易心懷不滿，動輒生氣。但是一個勁兒地生氣有用嗎？生氣，既顯示了自己的氣量狹小，又起不到任何作用，因此，與其乾坐著生氣，倒不如好好爭口氣。

每個女人都應該是自己人生的創造者。既然生活是自己創造的，心情是自己營造的，就用不著爲那些不著邊際的瑣碎小事而生氣。

如果你覺得別人比你好，比你出色，你就加把勁趕上去，提高自己的水準，正是消除和化解嫉妒心理的最佳良策。

對於比你強大和能幹的人，你不要只有單純的羨慕和崇拜，更應該保持一種「我一定會比你強，我一定能超過你」的想法。有積極正面的思考方式，才會展開奮發向上的實際行動。

做到「後來居上」，你才能活出生命的色彩。

美國一位名叫亞瑟．華卡的農家少年，一天在雜誌上讀了實業家亞斯達的故事後，十分嫉妒亞斯達能有這樣巨大的成功，但他轉念一想，為什麼要嫉妒呢？再怎樣嫉妒都不可能像他那樣成功，何不向他請教？對他的成功經歷瞭解得更詳細些，並得到他的忠告，這樣自己或許也能取得成功。

有這樣的想法與動力後，他跑到紐約，到了亞斯達的事務所。在辦公室裡，華卡立刻認出面前這位體格結實、濃眉大眼的人就是亞斯達。兩人相談了差不多有一個小時，亞斯達還告訴華卡該怎樣去訪問其他實業界的名人。

華卡照著亞斯達的指示，遍訪了那些曾讓他羨慕嫉妒的一流商人、總編及銀行家。在賺錢方面，華卡所得到的忠告並不見得對他有所幫助，但是成功者的案例給了他自信。他開始化嫉妒為奮進的動力，仿效他們成功的做法。

過了兩年，這個二十歲的青年，成為他做學徒的那家工廠的所有者。廿四歲時，他成了一家農業機械廠的總經理，就這樣，在不到五年的時間裡，華卡就如願以償地賺到了百萬美元。後來，這個來自鄉村的少年，又成為一家銀行董事會中的一員。

華卡在以後的創業過程中，一直實踐著他年輕時到紐約學到的基本信條：多與比自己優秀的人結交，把嫉妒別人轉變為學習別人的長處，以此來幫助自己成功。

嫉妒和羡慕雖然只是一線之差，卻有著天淵之別。嫉妒的人是在打擊別人的過程中尋找快樂，以求得心理的平衡，他們自己的生活卻搞得一團糟。

學會熔煉嫉妒，就是把本能的嫉妒轉化爲進取的動力，把不平衡的心態歸於平靜，把蔑視別人的目光轉到自己的短處上，這樣，嫉妒就會變成一種催人奮發的動力。

我們大可不必嫉妒他人，俗話說：「尺有所短，寸有所長。」每個人都有長處和短處，爲什麼要拿自己的短處與別人的長處比，自尋煩惱呢?相反，我們可以把嫉妒化成動力，用自己的努力去縮短與別人的差距，甚至超越他人，換成別人對我們的羨慕。

第一，和比自己優秀的人在一起，我們就會產生「別人行，我一定也行」的想法，於是想方設法地要超過別人，這樣就將嫉妒之心轉化爲好強的求勝之心，我們會因此很快地成長起來，並超越別人。

第二，結交一個優秀的人，我們可以借鑒他們的成功經驗、成功模式，在非常短的時間內創造大的效益。他們也會把失敗時所做錯的事讓我們知道，比如哪些是我們不能犯的錯誤。這會給我們省下非常多的時間，讓我們選對方向，少走彎路。

以所嫉妒的人爲榜樣、目標，揚長避短，擇其善而從之，見其惡而避之，自己努力改進，迎頭向上，積極地將嫉妒心理轉化爲進取的動力，不因嫉妒而心理不平衡。

同時，我們應當認識到，有些事情不是取決於人自身的。如一個人的出身、相貌等，不是想改變就能改變，因此，我們沒有理由去嫉妒別人。我們要挖掘自己不如他人的根源，弄明白別人到底爲什麼比自己強。如果他人取得的成績是努力拼搏的結果，那麼我們是不是做得還不夠？如果是，我們應當提醒自己加倍努力。

「合抱之木，始於毫末；千里之行，始於足下。」既然已知自己的弱處，既然看到自己與別人的差距，就不該將精力浪費在嫉妒別人上，而應該知恥而後勇，化嫉妒爲拼搏的動力，注意點滴的積累，從今天開始，從足下開始，不恥下問，不疲請教。

要知道「天外有天，人上有人」，茫茫人海，總有人會有一面長於自己。我們不應嫉妒他人，作出毀滅、扼殺別人的行爲，而應覺得不甘心，想要比別人強，積極地提高自身的價值與素養。別人能做到，我也能做到，只有具備這樣的思想，才能迎頭趕上，進而後來居上。

對別人產生嫉妒並不可怕，關鍵要看我們能不能正視嫉妒。如果能把嫉妒轉化爲成功的動力，時時鞭策自己，化消極爲積極，往往會使我們趕上甚至超過別人。

5別把抱怨當聊天

「真討厭，今天又堵車了，真是煩。」也許，你在早上到公司時也會這樣和同事抱怨，而且一整天都在對這件事情耿耿於懷。

現實中存在不少這樣的人，他們把抱怨當成是聊天的內容，而不會尋找其他的話題。即使沒有特別的事情發生，人們可以抱怨的事也是五花八門的：天氣、交通狀況、待遇太少、疾病的困擾、子女的問題等。

大多數人會覺得抱怨是很好的發洩工具，可以在受到挫折或面臨困難的時候抒發自己的心情，然而，他們往往忽略這種情緒對自己的嚴重影響。

愛抱怨者可能很難意識到：很多抱怨都是自己一手造成的！

你的工作沒做好，上司自然會找你麻煩；你不減肥，當然沒有適合你的衣服；你不看天氣預報，被雨淋了又能怪誰！所以在抱怨的時候，不妨先找出原因，否則一旦養成抱怨的習慣，你會成爲只知道怨天尤人的人，你會失去那些本來喜歡你的朋友，因爲你的抱怨讓他們感到心煩；而這也會形成惡性循環，讓你的抱怨更加嚴重，心境變得更加糟糕！

你有沒有這種經驗？在你心情很好的時候碰到一個傢伙，這個人一開口就說天氣有多麼糟糕、他的生活多麼黯然無光，這時候，你的大腦會隨著他的語言思考，結果，你腦中的畫面是一幅幅不愉快的景象，你的心情也會因此變得莫名壓抑。

心理學家說，若有抱怨，應該說出來，否則會在心中鬱積，憋出病來。這個說法基本上沒錯，但並不意味著你該無止境地抱怨。如果一味地去抱怨那些讓人煩惱的事，那麼你永遠都不會有一個積極的心態去對待生活。

抱怨的事情越多，只會覺得痛苦的事情越多，從而也會對生活失去希望。抱怨就像烏雲一樣，一直沉浸其中，只會淪陷在痛苦的沼澤中不能自拔。

6 不和年紀「打仗」

女人廿五歲以後，最害怕別人問起的莫過於自己的年齡了。年齡成了女人不願示人的疤痕。有的女人剛過完生日，就開始悲觀起來。她們會因爲自己無法控制的年齡而脾氣越來越差。她們對老公發脾氣，說自己的青春歲月都被眼前的男人蹉跎了；對孩子發脾氣，說自己爲了這個家操碎了心，現在老得快不行了，孩子還不懂事；對同事發脾氣，因爲公司裡年輕的小女生越來越多，每每聽到她們的年齡，就氣得恨不得讓時間停止。

其實，年齡只是生命的刻度，它對人生的成敗並不起決定作用。不管你想不想它，也不管對誰，它都一視同仁。過多地爲它「操心」，只會增加煩惱，對身心健康無益。

在唐代的帝王中，武則天是很崇信佛教的。當她遇到一個關於年齡的問題時，一位禪師給她做了很好的解答。

有一次，她請頗有傳奇色彩的嵩山慧安禪師到宮中講課。慧安禪師已經一百二十多歲了，仍然童顏鶴髮，神采奕奕。武則天見了非常好奇，一見面便問他多大年紀了，但是慧安禪師說，我不記得了。

女皇聽了更覺驚訝：「這怎麼可能呢？一個人怎麼會忘記自己的年齡呢？」

慧安禪師則淡淡一笑，解釋道：「人之身，有生有死，如同沿著一個圓周循環，沒有起點，也沒有終點，記這年歲有何用呢？何況，此心如水流注，中間並無間隙，看到水泡生生滅滅，不過是幻象罷了。人哪，從最初有意識到死亡，一直都是這樣，有什麼年歲可記呢？」

在慧安禪師看來，人的年華如流水，過去的已經過去，沒有必要追悔；未來的尚未到來，沒有必要杞憂；只要好好把握住現在就行了，又何必把年齡放在心上？

禪師的話，讓一向好大喜功、「萬歲」加身的女皇佩服得五體投地。

我們還可從古代詩人的詩詞中，找到一些對年齡更加通俗易懂的闡釋。宋代大詩人陸游在《木蘭花・立春日作》一詞中曾這樣寫道：

春盤春酒年年好，試戴銀旛判醉倒。
今朝一歲大家添，不是人間偏我老。

詩人從人人平等的角度來看待年齡問題，你今年年輕，明年也要老的；你現在老了，昨日也曾年輕過。年輕人可以感受奮鬥的樂趣，老年人也可領略收穫的滿足。大家彼此彼此，何必為添年齡而傷心呢？

很多女人一生都在和年齡作抗爭，二十歲時嫌自己不夠漂亮，三十歲覺得自己老了，四十歲覺得欲望太多……真正懂得生活的女人，是不應該回避年齡數字的，因為它們只不過是個代號，一旦女人冷落了那些數字，它們便會來極力地討好你。

二十歲的女人，是一朵嬌豔的鮮花。在這個階段，你可以任性，可以讓愛你的男人為你的放縱買單；但是，不要做得過分，你可以做一個小女人，但不能把男人作為一生的依靠，因為你的路還長著呢。

年齡超過三十歲時，女人就不要繼續把無謂的攀比掛在臉上，懂得欣賞自己的女人，是最美麗的。三十歲的女人是寶，她們享受生活，知道什麼是自己想要的。她們會過濾情感，只有真摯而持久的愛才是她們的首選。

四十歲的女人，你的美麗是內在的融會與外在的展示相結合。別為了省下一點兒化妝品，而把黃臉婆的帽子戴在自己頭上，偶爾的奢侈是必要的。

四十歲的女人，還要擁有自己的朋友圈，家庭固然重要，但是你的世界一定要更精彩。

四十歲以後的女人，要把內衣穿得比外衣漂亮，別擔心自己過於性感，這是你的魅力，是其他年齡層的女人所望塵莫及的丰韻。

這時候的女人很大度，因爲生活上的幸福已經孕育出女人的甜蜜，她們做自己喜歡做的事。當愛你的人和你愛的人圍繞在你周圍時，生活已給了你世間最珍貴的東西——愛。

忘記自己年齡的女人，在歷經滄桑後，依然有一顆豁達而快樂的心靈。她的美麗，必定來自於不斷的失去與磨礪，來自於傷痛與無奈。

在時光的流逝中，她不再炫耀自己的青春，慢慢地把握生命中最本質的快樂。不管緣聚緣散，不管春夏秋冬，無論是得到還是失去，都能夠坦然面對。

7 熱愛生活，讓自己充滿激情

很多女人會遇到這樣的情況：她們總是感到生活沒有激情，對任何事都提不起興趣來。哪怕有一根金條擺在她面前，也只能讓她興奮三分鐘而已。

這樣的女人似乎看透了凡塵俗世，其實她只是沒有了激情。她不是無欲無求、超凡脫俗，而是失去了熱愛生活的動力。

一個失去了激情和動力的女人，如同失去了水分的花，只會慢慢枯萎凋謝。即使擁有令人羨慕的容顏，也會因爲不復存在的激情，而變得不再年輕。

女人在生理和心理上保有激情，會顯得更年輕更漂亮。正如人們常說，年輕不僅是一種生理狀態，也是一種心理狀態。

很多女人認爲自己年齡大了，激情已經用光了，再努力也是徒勞。這樣的想法完全是錯誤的，因爲任何時候的努力都不算晚。激情不但可以讓女人獲得成功，還可以讓女人變得美麗和充滿魅力。

一個沒有激情的女人，就好像心靈上長滿了皺紋，而在心靈上長滿皺紋時，皺紋也會快速地長滿女人的臉頰。

身爲女人，假如你對愛情沒有激情，跟你談戀愛的人會覺得非常痛苦；假如你對生活沒有激情，你就會把生活搞得一團糟；假如對工作沒有激情，升職加薪的事永遠也輪不到你頭上……而當一切不如意都因沒有激情而衍生出來時，女人也就會真的變老了。

女人需要時刻調整自己。美國的哲學家、詩人愛默生說：「沒有激情，任何偉大的事業都不可能成功！」激情是女人精神世界的寶貴財富，沒有激情的女人就像沒有上發條的鐘錶。因此，不管你是二十歲、三十歲還是五十歲，讓自己充滿激情，你才會青春永駐。

8 學會淡泊，控制心靈的風雨

錢鍾書說：「世界就像個圍城，城裡的人往外擠，城外的人往裡擠。」的確如此，身居繁華都市的人，往往追求平靜的田園生活；身在林深竹海的鄉人，卻又嚮往燈紅酒綠的都市生活。

心靈的平靜是智慧美麗的珍寶，它來自於長期、耐心的自我控制。心靈的安寧，意味著一種成熟的經歷，和對事物的規律有不同尋常的瞭解。

人人嚮往平靜，然而，生活的海洋因名譽、金錢、房子等興風作浪而難得寧靜，許多人整日受到自己的欲望驅使，好像胸中燃燒著熊熊烈火一樣，一旦受到挫折，欲望得不到滿足，便好似掉入寒冷的冰窯中一般。生命如此大喜大悲，哪裡有平靜可言？

人們因爲毫無節制的狂熱而騷動不安，因爲不加控制欲望而浮沉波動。只有明智之人，才能夠控制和引導自己的思想與行爲，才能夠控制心靈所經歷的風風雨雨。

是的，環境影響心態。快節奏的生活、無節制地對環境的污染和破壞，以及令人難以承受的雜訊等，都讓人難以平靜。環境如同攪拌機，隨時都在把人們心中的平靜撕個粉碎，讓人遭受浮躁、煩惱之苦。然而，生命的本身是寧靜的，只有內心不爲外物所惑，不爲環境所擾，才能做到像陶淵明那樣身在鬧市而無車馬之喧，正所謂「心遠地自偏」。

一個人如果能丟開雜念，就能在喧鬧的環境中體會到內心的平靜。

有一個小和尚，每次坐禪時都幻覺有一隻大蜘蛛在他眼前織網，無論怎麼趕都不走，他只好求助於師父。

師父讓他坐禪時拿一枝筆，等蜘蛛來了就在牠身上畫個記號，看牠來自何方。

小和尚照師父交代的去做，當蜘蛛來時，就在牠身上畫個圓圈，小和尚做完功課一看，卻發現那個圓圈在自己的肚子上。

原來困擾小和尚的不是蜘蛛，而是他自己。因為他的心不靜，所以他才感到難以入定，正像佛家所說：「心地不空，不空所以不靈」。

平靜是一種心態，是生命盛開的鮮花，是靈魂成熟的果實。平靜在於心，在於修身養性，平靜無處不在，只要有一顆平靜之心。追求平靜者，便能心胸開闊，不為誘惑，坦蕩自然。

平靜是一種幸福，它和智慧一樣寶貴，其價值勝於黃金。真正的平靜是心理的平衡，是心靈的安靜，是情緒的穩定。

這個世界有太多的誘惑，因此有太多的欲望。如果一個人想以清醒的心智和從容的步履走過歲月，那麼他的精神中必定不能缺少淡泊。

雖然我們渴望成功，渴望生命能在有生之年畫出優美的軌跡，但我們需要的是一種平平淡淡的快樂生活，一份實實在在的成功。這種成功，不必努力苛求轟轟烈烈，不一定要有揭天地之奧秘，救萬民於水火的豪情。一份平平淡淡的追求，這就足矣！

生活，並不是只有功和利。儘管生活中有許多無奈和煩惱，但是我們應該擁有一顆淡泊之心，量力而行，從容而後搏，坦然自若地去追求屬於自己的真實。做到寵亦泰然，辱亦淡然，有也自然，無也自在，如淡月清風一樣來去不覺，生活不是要輕鬆得多嗎？

有了這份平淡的處世心態，你就會在簡簡單單的生活中快樂地生活，不再茫然。

也許你沒有輝煌的業績可以炫耀，沒有大把的鈔票可以揮霍，但你擁有淡泊，這本就是人生求之難得的幸福。

諸葛亮有言：「非淡泊無以明志，非寧靜無以致遠。」淡泊是一種真我，是英雄本色，追求淡泊者，生活的道路上永遠開滿鮮花，永遠芳香四溢；追求名利者，生活的道路上會遍佈陷阱，只能在生命終結的一剎那體會到稍縱即逝的一絲快樂。

人生的大戲不可能永遠處於高潮，平平淡淡才是真。擁有淡泊之心，便能撥雲見日，體會到生活的真正內涵，否則，只能在生活的邊緣徘徊，只能是捨本逐末。

學會淡泊，擁有淡泊，你就能在當今愈演愈烈的物欲社會和令人眼花繚亂、目迷神惑的世相百態面前神寧氣靜，你就會拋開一切名韁利索的束縛，在人生的大道上邁出自信與豪邁的步伐，讓心靈回歸到本真狀態，從而獲得心靈的充實、豐富、自由、純淨！

9 知足常樂，濾掉壓抑與沉悶

知足常樂，很符合儒家的「中庸之道」。一切行爲以適中、折中爲宜，不能什麼也不追求，也不要過分追求，簡言之，就是對幸福的追求持一種極易滿足的態度。

一個人知道滿足，心裡就時常是快樂的、達觀的，有利於身心健康；相反，貪得無厭，不知滿足，就會時時感到焦慮不安，甚至是痛苦不堪。

古人的「布衣桑飯，可樂終生」是一種知足常樂的典範。「寧靜致遠，淡泊明志」中蘊含著諸葛亮知足常樂的清高雅潔；「採菊東籬下，悠然見南山」中盡顯陶淵明知足常樂的悠然；沈復所言的「老天待我至爲厚矣」表達了知足常樂的真情實感。

曾國藩認爲人生一切都「不宜圓滿」，以免樂極生悲，名其書房爲「求闕齋」，體現了知足常樂的智慧。林語堂說半玩世半認真是最好的處世方法，不憂慮過甚，也不無憂無慮，才是最好的生活，這流露了知足常樂的幽默。

知足是一種處事態度，常樂是一種幽幽釋然的情懷。知足常樂貴在調節，這是一種人生底色，當我們因追求、拼搏而迷失方向的時候，知足常樂孕育出的寧靜與溫馨，對於風雨兼程的我們是一個避風的港口。

在休憩整理後，自身平和的不竭動力有益於我們毅然前行。真正做到知足的人，人生便會多一些從容、多一些達觀，從而常樂。

明朝有個人叫胡九韶，他的家境很貧困，他一面教書，一面努力耕作，僅僅可以衣食溫飽。

每天黃昏時，胡九韶都要到門口焚香，向天拜九拜，感謝上天賜給他一天的清福。

妻子笑他說：「我們一天三餐都是菜粥，怎麼談得上是清福？」

胡九韶說：「首先，我很慶幸生在太平盛世，沒有戰爭兵禍；又慶幸我們全家人都能有飯吃，有衣穿，不至於挨餓受凍；第三慶幸的是家裡沒有病人，這不是清福是什麼？」

快樂、幸福都是建立在知足的基礎上。這裡並不是說不思進取、不前進，而是在自己的能力控制範圍內循序漸進地前進。不要把太多不實際、不可能完成的事擺在眼前，不達到目的就絕不放手。

老子說：「禍莫大於不知足，咎莫大於欲得。故知足之足，常足矣。」意思是說：禍患沒有大過不知滿足的，過失沒有大過貪得無厭的，所以知道滿足的人，永遠覺得是快樂的。

用叔本華的觀點來說，不滿足使人在欲望與失望之間痛苦不堪。滿足不了追求，便會產生痛苦，而當一種欲望滿足之後，很快又有了新的更進一步的追求。總是不滿足，就總是有痛苦，真是「欲壑難填」。

人應該知足，承認和滿足現狀不失爲一種自我解脫的方式。知足者想問題、做事情能夠順其自然，保持一份淡然的心境，並樂在其中。這並不是削弱人的鬥志和進取精神，在知足的樂觀和平靜中，認真洞察取得的成功，總結經驗，而後樂於進取，樂於開拓，爲將來取得更大的成功鼓足信心，做好充分的準備。知足常樂，是個人永遠的精神追求。

在前進的道路上，當我們取得一些成績的時候，如果我們都能知足，就能夠保持樂觀的心態，在對待生活中的困難時，也會泰然處之。知足常樂，在煩躁與喧囂中，過濾掉壓抑與沉悶，沉澱一種默契與親善。

人生不如意事十之八九。每個人的一生中苦惱煩心之事在所難免，而且苦難往往總是多於快樂，逆境總是多於順境，人隨時都可能碰上湍流和險境。面對突如其來的困境，有的人看到的只是險惡與絕望，在眩暈之中失去了生命的鬥志，使自己墜入地獄難以翻身；有的人則會告訴自己一切都會好起來的，困難只是暫時的，遠方依然是一片充滿了希望的天空。所以，有的人在抱怨之中碌碌無為地度過一生，而有的人卻能戰勝厄運，使自己的生命充滿快樂的陽光，活出人生的精彩。

一位年輕企業家的公司破產了，他十分灰心，心中一片黯淡。煩悶之際，他走到一座古廟裡。住持見他垂頭喪氣，問了緣由後，便指著樹影的斑駁問道：「年輕人，這是什麼呀？」

企業家毫不猶豫地說：「暗影。」

住持搖頭說：「你錯了，那是陽光呀！」

年輕的企業家頓悟，在回去後又開始鍥而不捨地努力。後來終於東山再起，成了業界領袖。

其實，希望就在不遠的拐彎處。人生之旅難免會遇到困難和挫折，我們有勇氣並用一顆平常心來面對，我們會發現，周圍的風景是那麼美，到處陽光燦爛。

生活能否快樂，關鍵在於心態。既然生活中的不如意總是有的，那麼何必非要和自己過不去，和自己嘔氣呢？

別跟自己過不去，每天給自己一個希望，我們的人生就一定不會失色；

別跟自己過不去，每天給自己一點信心，我們的生活就會充滿勃勃生機；

別跟自己過不去，做自己喜歡做的事情，不妨給自己一點解脫；

別跟自己過不去，凡事要拿得起、放得下，不要自找煩惱，永遠保持一顆平常的心態；

別跟自己過不去，每天多想著快樂的事情，珍惜我們的每一天，不要將生命浪費在一些無聊的小事上。這樣，我們的生活就會充滿歡聲笑語，我們就一定能夠擁有一個豐富多彩的人生。

人生一世，能夠快樂開心地度過一生，是每個人心中的夢想。

傳說終南山麓一帶出產一種快樂藤，凡是得到這種藤的人，會不知道煩惱為何物。曾經有一個年輕人，為了得到無窮的快樂，不惜跋山涉水，去尋找這種藤。

他歷盡千辛萬苦，終於來到了終南山麓，在險峻的山崖上，他找到了快樂藤。他雖然得到了這種藤，但是他並沒有得到預想中的快樂，反而感到一種空虛和失落。

這天晚上，他在山下一位老人的屋中借宿，面對皎潔的月光，他發出一聲長長的嘆息。

老人聞聲而至：「年輕人，什麼讓你這樣嘆息呀？」

於是，他說出了心中的疑問：「為什麼我已經得到快樂藤，卻沒有得到快樂呢？」

老人說：「其實快樂藤並非終南山才有，人人心中都有。只要你有快樂的根，走到天涯海角，你都能得到快樂。」

老人的話讓這個年輕人耳目一新，他又問：「什麼是快樂的根呢？」

老人的回答是：「心就是快樂的根。」

快樂不在別處，就在你的心中；幸福不是別人給的，是你自己。幸福的人生，存在於一顆快樂的心中。比如，在物質匱乏的時代，人們也許辛苦，但心態好的人會對自己說：「我很充實，我感覺快樂且滿足。」生活中的困難與挑戰在所難免，只有以樂觀奮進的態度方可化解一切坎坷。

10 學會珍惜，別忽略手裡的幸福

當你羨慕別人獨立的時候，別人同時也在羨慕你的家庭溫暖。如果你總是得到且不珍惜，那麼你會陷入不幸的邊緣。

生活會跟我們的預期出現偏差，但我們不該總是抱怨，而忽略每件事都有兩面性。要知道成功了，我們獲得財富人生；失敗了，至少我們還有人生財富。不是我們不幸福，而是我們忽略了那些信手拈來的幸福。不要再左顧右盼，做剛剛好的自己吧！

也許你仍未尋找到自己的真愛，仍舊彷徨在愛情和婚姻之外，而外人的目光和議論讓你有些難過。這時候，自己在心裡可以轉個彎：既然遇不到自己的夢中人，何必爲了他人的目光和議論而倉促地選擇一份愛情或婚姻呢？你的生活又不是他們在過，何必去在乎呢？做好你自己，才能得到自己內心的安寧。

也許你正處在無望的婚姻生活中，你受了委屈無處訴，你想擺脫卻因爲責任而無法啓齒。這時候，爲自己在生活上轉個彎：認真思考一番，到底是什麼原因導致婚姻出現了問題？是你自己，還是對方？你還能接受嗎？如果努力就可以挽回，能夠比從前過得更好，何不放下自己內心的枷鎖，給自己一個輕鬆的答案呢？與其苦苦糾結在越來越糟糕的關係裡，還不如試著去整理一番。就像雜亂的屋子，你不整理，只會越來越雜亂。

也許你的事業正處在進退兩難的時候，想要晉升，卻不知道能力是否已經足夠，但也不希望被後來的年輕人趕超。這時候，爲自己在態度上轉個彎：無論你做不做，別人都會去做；無論你學習不學習，別人都會前進。因此，不妨放下過往的成績，認真做好自己的事，努力去學習他人的新觀念，接納在付出後獲得的成功或者失敗。

很多人常常吃虧在自己不願意轉彎的心態上，因爲自己已經積累了許多觀念和經驗，面對他人的質疑會產生不自覺的抵制態度。特別是對於比自己更年輕的人，人會抱有一種看不慣的態度：他們的衣著、言談、思想都足夠新潮和火爆，而自己已經逐漸進入保守和淡定的年歲。如果能想一想，自己也曾經年輕過，他們的今天就是自己的昨天，那麼在心態的調整上就會好很多。

無論在什麼時候都要學會轉彎。當你站在某處，看不到優美的風景時，不必仰天長嘆，要想辦法站到可以看到風景的地方。

幸福是形容詞，但是關於幸福的種種細節，卻關乎人的心理狀態、言行舉止。

幸福是從不設防的東西，只要人想擁有，任何時候都可以擁有。粗茶淡飯和燕窩魚翅之間，雖然口感和價格不同，但是幸福的分量不會變，只是在於人如何去感受。

有些女人說，我不幸福，因爲我沒住豪宅，沒開名車，沒有稱心如意的金龜婿。可是女人，你沒有這些，難道期望天上會掉下這些給你嗎？何況，住豪宅、開名車的人，不一定都有你這份閒心和期盼，你不是理應比他們幸福麼？

幸福就是幸福的事情比煩惱的事情多，只要幸福多過煩惱，那就是幸福的。

是的，我們覺得不幸福，不就是常常覺得煩惱太多了嗎？那些煩惱讓我們看不到明天的出路在哪裡，蒙蔽了我們對於幸福與快樂的觸感。在日復一日不斷解決煩惱的過程中，我們對於幸福和快樂的感受越來越淺。

從什麼時候，我們的心感受幸福的能力在逐漸減弱？或許是因爲煩惱多了，負面情緒多了，看慣了世事無常，感受到了人間冷暖，於是覺得一切都失去了美感，只剩下活生生的貧富之爭或好壞之分。

當我們變得越來越世故、圓滑、老練的時候，我們開始喜歡孩子們臉上純潔無瑕的笑容。那種喜歡，是懷念，是對比，也是無奈，因爲自己的臉上已經沒有那般乾淨的笑容了。生活的壓力重負在越來越沉的肩膀上，不能找藉口，沒法訴委屈，只是默默地承擔。

然而，生活是你自己的，世界上，沒有任何一個人可以代替你去感受幸福，代替你去生活，他們也不能幫你包辦一切，無法為你承擔所有。

所以，放開你的心懷吧！珍惜當下的每一個幸福，忽略那些無法改變的。要改變他人總是很困難的，何不先從改變自己開始呢？當你不開心的時候，何不想想：這樣的負面情緒有用嗎？能幫我解決一切煩惱嗎？如果我的思維改變一下，用正面的情緒去面對會不會更好？

第八章
獨立睿智，讓你的優雅與眾不同

1 讓夢想在生命裡開花

夢想無論怎麼模糊，它總是潛伏在我們心底，使我們的心境永遠得不到寧靜，直至夢想成爲事實。夢想從不拋棄苦心追求的人，人只要不停止追求，最終會沐浴在夢想的光輝之中，創造精彩的人生。夢想雖然不足以使我們到達遠方，但是達到遠方的人一定有夢想。

女人一生都應該有夢想，因爲夢想是一種心靈的東西，也是生命的一種釋放形式，它有著直觀而天然的特性，不會被教化和灌輸，它是純粹的、感性的。如果你希望做一個幸福的女人，有自己精彩的人生，無論何時回憶自己的過去都覺得充滿意義，你就不要放棄自己的夢想。

雖然所有非凡的女人背景各異，但她們的成功都源於敢於追夢。當她鼓起勇氣爲夢想踏出第一步的時候，生命已經不再一樣；當她在生命中放飛夢想的風箏時，她的心就接近了高遠的藍天。

夢想是女人成功的第一步。

任何人都不能缺少夢想，尤其是女人。因爲有夢想的女人，她對生活和未來充滿信心，充滿激情，不是什麼事就能夠打倒的；有夢想的女人，是自信的人，她相信自己的能力，對朋友和同事都有著超強的感染力和凝聚力；有夢想的女人，可以使自己在成長中由弱小變得強大。由此，完全可以說，如果女人心中有夢想，她一定是一個最美麗的女人。

有人說，正因爲舞臺小，才有了更大的發揮空間。舞臺可以很小，但是有了夢想，舞臺外面的空間就會變得很大很美。

女人要用夢想之光深深觸動心底，讓它照亮你的一生，讓它激發你的欲望，去活出夢想並追尋你的喜悅，成就有影響力的自己。

沒有夢想的人生是乏味的，所以無論成功或是失敗，女人都應該去追逐人生的夢想。這個追逐夢想的過程，會讓女人一生沒有遺憾，更會爲女人帶來豐富的生活，也能讓女人在追夢的征程上走得更遠。只要有夢想，人人皆可昇華，而你終有一天會破繭而出，衝破現實局限，飛抵夢想成真的美麗新世界。

夢想值得女人珍惜，它和愛情一樣，一旦被澆灌，就可以帶給女人幸福愉悅的體驗。不管你的夢想是成爲一個事業型女人，在某個領域做一朵鏗鏘玫瑰，還是愜意地在自己的小小世界裡書寫美好的童話故事，只要你能堅持不懈地追求這個夢想，它都會給你帶來豐厚的回報！

2 對自己的工作充滿愛

石油大王洛克菲勒說：「如果你視工作是一種樂趣，人生就天堂。如果你視工作是一種義務，人生就是地獄。」我們從事的工作是單調乏味，還是充實有趣，往往取決於我們對待它的心境，因此，只有熱愛自己的工作的人，才能把工作做到最好。

許多年前，一個名叫聖子的妙齡少女，來到東京帝國酒店當服務員。這是她的第一份工作，因此她很激動，暗下決心：一定要好好幹！可是沒想到，上司竟安排她去洗廁所！

當她用白皙細嫩的手拿著抹布伸向馬桶時，胃裡立刻翻江倒海，噁心得想吐。但是，上司對工作品質要求非常高：必須把馬桶抹洗得光潔如新！

這時候，她面臨著人生第一步怎樣走下去的抉擇：是繼續幹下去，還是另謀他職？

繼續幹下去？太難了！另謀職業？知難而退卻不是她的習慣。而且，她也不甘心就這樣敗下陣來，因為她在初來時曾下過決心：克服一切困難，走好人生第一步！

這時，酒店的一位前輩出現在她面前，給她上了生動的一課——前輩一遍遍地擦洗馬桶，在擦得光潔如新後，從馬桶裡盛了一杯水，一飲而盡！

聖子感到極為震驚。震驚之餘，她頓時明白：只有讓馬桶的水達到可以喝的潔淨程度，才叫光潔如新。同時，她也明白：只有熱愛自己的工作，才能達到優秀的標準。她暗下決心：「即使終生洗廁所，我也要做一個洗得最出色的人！」

自此，她勤勤懇懇地幹自己的本職工作。洗完廁所後，她經常很自豪地從馬桶裡舀一杯水，毫不勉強地喝下去，就像那個教導她的前輩一樣，因為她確信馬桶已經被擦洗得光潔如新。

從此，她一直秉持著這樣一種職業精神：不論做任何事，都一定要求做到最好。

後來，她成為一位著名的女官員，出任日本政府的郵政大臣。每次當她站在演講臺上，為台下成千上萬的人做演講時，她的題目是：「上帝偏愛我，讓我掃廁所。」在很多場合，她這樣介紹自己的身分：「最出色的廁所清潔工，最忠於職守的內閣大臣。」

有人常常抱怨目前的工作不是自己喜歡的，找不到樂趣，覺得生活和工作沒有意思。當然，擁有興趣，你會更容易感受到樂趣；擁有興趣，你會更自覺地爆發激情。可是，如果沒有健康積極的心態，即使你從事的是自己最喜歡的工作，你依然無法真正地體驗工作中的樂趣，並持久地保持對工作的激情。

即使你的處境暫時無法令人滿意，也不應該因此而厭惡自己的工作。這種非常糟糕的態度，無助於解決任何問題，反而會使狀況更加惡化。即使環境迫使你不得不做一些你不喜歡的工作，你也應該想方設法地使之充滿樂趣。用這種積極的態度投入工作，無論做什麼，都能取得良好的效果。

羅斯金曾說：「只有通過工作，才能保證精神的健康；在工作中進行思考，工作才是件快樂的事。兩者密不可分。」當你在樂趣中工作，精神自會愉悅，就愛你所選，別輕言變動。

如果你開始覺得壓力越來越大，情緒越繃越緊，無法從工作中找到樂趣，獲得滿足感，就得先靜下來思考一下，是工作的問題，還是自己的問題。如果我們不從心理上調整自己，即使換一萬份工作，也不會有所改觀。

蘇格蘭哲學家說：「有事做的人是幸運的……當一個人的精神傾注

於某項工作時，他的身心會形成一種真正的和諧，不管是多麼卑微的勞動。」世界上沒有卑微的工作，只有卑微的心態。如果你以麻木的態度對待你的工作，你真是褻瀆了自己和自己的工作。你對你的重要性熟視無睹，你不知道你的不良態度，讓公司有多大的損失，讓所有期待你振作的人多麼失望。

雖然每個人都是爲了特定的利益而奔波勞累，但無論如何「怎樣把工作做得更好」，是需要我們仔細思考的一個問題。諸多事實證明，只有真正熱愛工作的人，才能把工作做得更好，才是工作中真正幸福的人。

當然，每個人不是生來就對某樣工作有濃厚興趣的，通常興趣愛好與艱苦的工作往往也很難劃上等號。但是，任何事情都有兩面性，工作也不例外。能不能從你所從事的工作中感受到樂趣，歸根到底是一個心態問題。樂觀的心態使你在困境中也能發現積極的一面，想辦法走出困境。

悲觀的心態使你過分關注不盡如人意的方面，一葉障目，從而看不到工作的樂趣。興趣可以花時間，慢慢從無到有地培養，樂趣卻是需要你用一顆樂觀的心，去尋找和感受的。

3 永遠知道自己要的是什麼

美國加州大學洛杉磯分校的經濟學家伊渥・韋奇告訴我們：「即使你已有了主見，但如果有十個朋友看法和你相左，你就很難不動搖。」可見，堅持自己的目標是一項很能考驗意志力的事情。

似乎大部分女人都是缺乏決斷意識的，大到擇業、婚戀，小到出行、購物，在每次做決定之前，她們總要習慣性地徵詢身邊家人、朋友的意見。而且她們覺得最好多問幾遍，從而選出入選頻率最高的答案。這樣的方式大概能讓人覺得心裡踏實，卻不見得一定合適。

幾乎每個女人都在乎別人對自己的評價，並對此患得患失，她們常常為了迎合別人而不斷地否定和修正自己。其實，那些對你指手畫腳的人，也不知道應該如何抉擇。不要奢望所有人都支持你的選擇，也不要期許所有人都喜歡你的風格。生活是你自己的，你更應該聽從自己內心的想法，而不是隨波逐流。

女人不能沒有目標，處事不能沒有決斷。有目標難，堅持目標更難，盲目自信是固執，偏聽偏信是糊塗。正確的目標都是對事物本質的反映，而堅持正確的目標會讓女人走向成功。

歌德曾說：「每個人都應該堅持走自己開闢的道路，不被流言所嚇倒，不受他人的觀點所牽制。」

雖然人不可能孤立地生活在這個世界上，幾乎所有的知識和資訊都來自別人的教育和環境的影響，但你必須清楚：在人生的旅途中，你才是自己唯一的司機。

你要穩穩地坐在司機的位置上，決定自己何時停車、倒車、轉彎、加速、剎車等。只有你才能帶自己去想要去的地方，去看自己想要看的風景。

女人應該學會像男人一樣懂得自我認知，而永遠知道自己要的是什麼，才不會犯錯誤，讓自己難過和後悔。

4 真正的自信閃耀著睿智之光

這個時代充斥著物欲的身影和浮躁的氣息，自信在不經意間就成了一種奢侈。時下所謂的自信，多流於無知的輕率，或任性的固執，或目空一切，或剛愎自用，或一意孤行。

人們把目光短淺的狂妄叫做自信，卻不在意其盲目；把阻言塞聽的自負叫做自信，卻不在意其狹隘；把掩耳盜鈴的魯莽叫做自信，卻不在意其愚昧。自信彷彿成了點綴個性的奢侈品，體現性格的裝飾之物。而真正的自信是一種睿智，是胸有成竹的鎮靜，是虛懷若谷的坦蕩，是遊刃有餘的從容，是處亂不驚的凜然。

有一個墨西哥女人和丈夫、孩子一起移民美國，當他們抵達德州邊界艾爾巴索城的時候，她丈夫不告而別，離她而去，留下她和兩個嗷嗷待哺的孩子。

廿二歲的她帶著不懂事的孩子，饑寒交迫。雖然口袋裡只剩下幾塊錢，但她還是毅然地買下車票，前往加州。

在那裡，她在一家墨西哥餐館打工，從大半夜做到早晨六點鐘，收入只有區區的幾塊錢。她省吃儉用，努力儲蓄，希望能做屬於自己的工作。

後來，她決定自己開一家墨西哥小吃店，專賣墨西哥肉餅。她拿著辛苦攢下來的一筆錢，跑到銀行向經理申請貸款，她說：

「我想買下一間房子，經營墨西哥小吃。如果你肯借給我幾千塊錢，那麼我的願望就能夠實現。」

她知道在這裡，自己是一個陌生的外國女人，沒有財產抵押，沒有擔保人，所以她也不知能否成功。但幸運的是，銀行家十分佩服她的膽識，決定冒險資助。

十五年後，這家小吃店擴展成為全美最大的墨西哥食品批發店。

她就是拉夢娜·巴努宜洛斯。

這是一個平凡女人因自信而獲得成功的故事。自信使她白手起家尋求生路；自信給了她戰勝厄運的勇氣和膽量；自信也給她帶來了聰明和智慧。任何人都會成功，只要你肯定自己、相信自己，你就一定會成功，最終如願以償。

自信與膽量密切相關。自信可以產生勇氣，同樣，勇氣也可以產生自信，而缺乏膽量或過分的自我批判就會削弱自信。

自信是成功人生最初的驅動力，是人生一種積極的態度和向上的激情。同是享用一盤水果，有的人喜歡從最小最壞的吃起，把希望放在下一顆，感覺吃過的每一顆都是盤裡最壞的，這盤水果就徹頭徹尾成了一盤壞水果了。相反，有的人喜歡從最好最大的吃起，那麼吃下去的每一顆都是盤裡最好的，美好的感覺可以維持到最後。

這是一種奇妙的非邏輯性的感覺，充滿心理錯覺和心理暗示。自信與自卑也是如此。主動與被動僅一字之差，但生命情調卻如同吃這盤水果，神情感覺懸隔萬里。

同是陰雨天氣。自信的女人在靈魂上打開一扇天窗，讓陽光灑在心裡，由內而外透射出來，去感受溫暖，她神采奕奕、精力充沛。自卑的女人卻在靈魂上打了一排小孔，讓陰雨滲透進去，潮濕的黴氣散發出來，而她站在陰暗的邊緣。

同是看一個人，一個比自己優秀的人，自信的人懂得欣賞，並在欣賞的過程中充實自己，相信「我可以更好」；自卑的人會萌生嫉妒，並在嫉妒的過程中不斷醜化對方，讓自己相信「原來我看錯了」。

自信不是初生牛犢不怕虎的意氣，也不是搬弄教條經驗的冥頑。自信不是孤芳自賞，不是夜郎自大，也不是毫無根據的自以爲是和盲目樂觀。自信的魅力在於它永遠閃耀著睿智之光，是深沉的，是一種有著智慧、勇氣、毅力支撐的強大的人格力量。

真正自信者，必有深謀遠慮的周詳，有當機立斷的魄力，有堅定不移的矢志，有雍容大度的豁達。它蘊涵在果決剛毅的眉宇之間，是夸父追日，生生不息；它潛藏在寬闊博大的襟懷之中，是高瞻遠矚，胸懷全域；它浮現在力挽狂瀾的氣勢之上，是審時度勢，取捨自如。

樂觀的態度、自信的人生，是充實而又富有的，是一種別樣的財富，這種財富只有擁有樂觀自信的人才會擁有它。

5 接納不完美的自己

你有沒有過這樣的感受？清晨，當你站在鏡子前面，仔細端詳著自己的臉龐，一會兒覺得自己的眼睛小了一點，一會兒又覺得鼻子不夠挺……臉上的毛孔太過粗大、臉龐不夠小巧、嘴唇不夠性感、身材不夠迷人……於是，你開始抱怨，抱怨父母爲什麼沒把你生成一個美人兒。如果新的一天以此爲開端，你怎麼快樂得起來呢？

人之所以感到不開心，其中一個關鍵原因是，他們並不喜歡自己，而這種不喜歡通常是在和別人的比較中進行的。自己長了一張圓臉，偏偏想要瓜子臉；自己的身材豐滿，偏偏想要苗條的身段；自己長了一張小嘴，卻偏偏喜歡茱莉亞·羅伯茲那樣性感的大嘴……在這樣的比較中，又怎麼可能得到滿足呢？

容貌與生俱來，從呱呱墜地便成定局，接受這人生的第一個定數，是你快樂的第一個根基。接受並喜愛自己的容貌，這對相貌俊美之人並非難事，而對於姿色中等卻又對自身要求嚴苛的人，卻是需要攻克的一道心理障礙。

首先，你要衝破電視媒體和時尚雜誌施加給你的無形壓力和錯誤的引導。

化妝師的手藝、燈光師的技巧、攝影師的捕捉、高明的電腦技術，是你所看到的很多「美好」的幕後製造者。而女明星、女模特兒爲了拍攝出最好效果，甚至在拍照的前兩三天就不進主食了，只吃一些流質食物或者水果。

《鐵達尼號》的女主角凱特．溫斯蕾就說過：「我的頭髮經過專業髮型師兩個多小時的細心打理，而我必須一直屏氣收腹，並且使頭保持在某個高度和角度上，這樣，我下巴上的贅肉和皺紋就不易顯露出來了。」

女人看到大明星的照片，不禁心想：「我真想看起來和她一樣，和她比起來，自己真是糟透了。」其實像她們一樣並不難，找個那樣的團隊給你打造一下，你也可以成為那個樣子。

其次，你要學會對自己寬容，把視線放在自己的優點上，以此建立你的自信。一個不那麼美但有自信的女人，一樣可以活得瀟灑快樂。

每個女人都可以通過化妝、穿衣、髮型等方法把自己打扮得更有氣質。這個世界上本來就沒有十全十美的人，每個人在外貌方面都有著獨特的氣質和優點，只要學會將自己的優勢凸顯出來，成為自己的亮點，自然會有一份獨特的吸引力。

一個聰明的女人應該懂得欣賞自己，接受自己的容貌，停止再將自己的外貌與別人做比較。

中國著名的模特兒呂燕，按照傳統的審美觀點來看，毫無疑問是個醜女：小眼睛、柳葉眉、大顴骨、塌鼻梁、厚嘴唇、滿臉雀斑，微駝。然而，這個在山溝長大的女孩，現在已是國際名模。

她定居紐約，一年要在巴黎、米蘭、倫敦等各大時尚之都進出好幾次，走不盡的伸展台，上完一個又一個的雜誌封面，還有各式各樣的產品代言。

其實，呂燕對自己的容貌也曾經相當沒有自信。一次偶然的機會，造型教父李東田和馮海發現她長得雖不美，但很有特色，於是為她拍了一組照片，從此一發不可收拾。

二〇〇〇年世界超模大賽爆出大冷門，在人們眼裡絕對沒有獲獎可能的醜女，竟榮登亞軍寶座。而在這之前，中國模特兒在這一比賽中最好的名次是第四名。

獨具慧眼發掘呂燕的李東田說：

「我第一眼看見她，就有震撼的感覺，她的面孔很少見，特別國際化，不同凡響，尤其她身上透出那種同齡女孩少有的自信和堅忍，讓人一看就知道這是個Super Model的料。」

世界上沒有醜女人，只有自信和不自信的女人。每個女人都有自己容貌上的特點，這個特點就可能變成你的標誌。

世界上根本不存在任何完美的事，如果你總是羨慕別人的美貌而對自己過於挑剔，那麼永遠無法獲得快樂。

不自信的女人總是對自己妄自菲薄，而自信的女人卻真心地喜歡自己的容貌，快樂地和他人交往，並從中獲得幸福。如此，你願意做哪種女人呢？

6 把握機會，充分施展自己的才華

生活中時時刻刻都充滿機會。你要利用每一次的機會，充分施展自己的才華。

有智慧眼光的自信女人，能夠從瑣碎的小事中發掘出機會；而目光狹窄的女人，卻輕易讓機會像時間一樣從眼前溜走。

對於渴望成功的女人而言，每一個她們遇到的人，每一天生活的場景，都是一個機會，都會在她們的知識寶庫裡增添一些有用的知識，會給她們的個人能力注入新鮮的血液成分。

偉大的成功和不俗的業績，永遠屬於有準備的女人，而不是一味等待機會的女人。女性更應牢記，良好的機會完全要由自己創造。其實機會就包含在你良好的素養、學識的積累、進取的身影之中。

失敗的女人喜歡說自己之所以失敗，是因爲天時不時，地利不利，人和不和，因此好位置總是讓別人捷足先登，等不到她們去競爭；而有意志的女人決不會找這樣的藉口，她們不會等待機會，而是靠自己苦幹努力去創造機會。她們深知，惟有自己才能給自己創造機會。而一旦有了機會，她們決不放棄磨煉自己、完善自己的階梯。正是順著這些階梯，她們才一步一步地走向理想之巔。

成功沒有秘訣，最有效的辦法是立即行動起來。天上是不會掉餡餅的，掉下來的只會是隕石。你只有行動起來，才會發現異樣的景色，才會發現原來的景色是那樣的單調與乏味，也才會發現五彩斑斕的地方其實並不遙遠。

許多女性做事都很縝密，一件事要籌畫到自己認爲萬無一失才開始行動，尤其是剛剛踏入社會的年輕女性，其實人算不如天算，所謂的周密計畫往往會使你坐失良機。

不管是生活中還是工作中的目標，並非都是「生死攸關」的。事實上，有很多事是壞在拖拉遲疑上。許多女人一開始行動，步子尚未邁出，就想到消極的一面，想到失敗。這種恐懼心理削弱了她們的自信，限制了她們的潛能，束縛了她們的手腳，使她們遇事不敢輕舉妄動，從而失去機會，流於平庸。

有這樣一則寓言，老鷹苦口婆心地教小鷹飛行的技巧。可一遍又一遍的解說效果，卻不盡如人意，小鷹總有這樣那樣的問題，比如「我是先撲左翅呢，還是右翅？平衡到底怎樣做到？」老鷹頓了頓，說：「先行動起來吧！」

剛踏入社會的女人經常會說「這樣貿然行事，無法達到最好。」其實，人根本無法達到最好，但通過實際行動，就可以做到更好。只有行動，才會發現自己的不足，積累彌補不足的經驗，也只有行動才能使人進步。因此，最踏實的做法就是大膽向前，想做什麼就去做，去實現自己所嚮往的目標，完善自我或完善生活的目標。只要向著自己的目標大膽地行動起來，生活便會走上正軌，而自己也將創造出奇蹟。

當然，在行動中去學習，付學費也就不可避免。就像你走路，你總不能因爲怕摔跤就不去學習走路。每個成功人士都是敢於嘗試、敢於冒險、敢於做前人未做過的事而成功的，嘗試、錯誤，嘗試、錯誤……再嘗試直至成功，正是學習和進步的惟一途徑。

行動起來就有希望，成功沒有捷徑。只有在行動中嘗試，改變，再嘗試……才會達到成功。有的女人成功，是因爲她比我們行動得更早、犯的錯誤更多、遭受的失敗更多。「沒有行動的地方，就絕對沒有成功。」停止行動之日，便是完全失敗之時。

無論是愛情、事業還是家庭，得不到的和失去的並不是最好的和最重要的，珍惜和把握眼前的才是最重要的。自信的女人，趕快行動起來吧！把握每一個稍縱即逝的機會，人生的成功便由此而築就。

7 活出自我，不做男人的附屬品

許多女人把丈夫的人生當成自己的，似乎結婚後，雙腳就不再走自己的路，而是每一步都踩在丈夫的腳印裡。丈夫說什麼，自己就信什麼；丈夫追求什麼，自己就需要什麼。這類女人失去了獨立的精神、獨立思考的能力，將自己人生方向的舵交到丈夫手裡。

如果碰上負責任、有擔待的男人，那麼倒也是一樁美事，但是有的女人沒有那麼幸運，遇到了不能依靠的男人，命運就會完全換了個方向，因此悲劇接連不斷地上演。

人生應該有許多支點，把生命的重量全部放在愛情、婚姻或家庭中，是十分危險的投資方式。因爲一旦丈夫終止「合作」，你最多只能得到經濟上的賠償。但這並不是你的初衷，你所期望的榮譽、信念被毀掉了，青春歲月回不來了，還有什麼比這更令女人難受的呢？

但事業、工作、愛好則不同，你付出了時間、精力，它們就會賦予你信心、能力、財富和樂趣。而有了信心，未來才能被你掌握；有了能力，任何人也拿不走它；有了財富，它可以換取更多自由和社會的尊重。

夫妻關係中，一旦我們覺得誰屬於我們，就很容易忽視對他的尊重和禮貌。隨之而來的反應促使我們告訴他，他應該做些什麼，應該怎麼去生活。更甚者，會認爲他就應該聽從我的指使。一旦你認爲伴侶爲自己付出是理所當然的，這樣的婚姻就不會長久，因爲沒有人喜歡被別人控制。

今天的女人要尊重性別的差異，遵循女性的特質，調整自己努力的方向，順應世界潮流和當前的發展趨勢，趁勢而上，逐步完善自己。在追求個人獨立和家庭責任間均不偏廢，才是現代女性的理性選擇。婚姻不是支撐女性走在幸福路上的最堅實的拐杖，也不是讓女人過著快樂生活的唯一支柱。

8 獨立是女人最漂亮的外衣

薩特的終身伴侶西蒙．波娃曾說：「即使選擇了獨立，對多數女人最有吸引力的，也仍然是愛情這條道路。讓一個女人承擔她自己的生活責任，會令她感到苦惱。她寧可受奴役的願望是那麼強烈，以至於在她看來這種奴役表現了她的自由。」

女人的自然使命和天職是什麼呢？愛情，愛唯一的一個人、永恆的愛情。但更重要的是，在工作獨立、事業獨立和經濟獨立之後，女人一定要感情獨立。

感情獨立意味著，無論戀愛的結果是什麼，你需要的是自己能夠感受到的快樂，而不是他快樂，你就快樂；他悲傷，你就悲傷。如果以男人的反應爲標準來衡量愛情，那麼愛情的技巧越多，越沒有效果。女人感情獨立了，才能做到大道無術，而那些戀愛的技巧只是錦上添花。

在女孩成長的過程中，家長會不自覺地給她們過多的保護，似乎女孩就應該比男孩嬌氣一些，男人就應該幫助女人，結果導致女人比男人有更多的依賴性。

許多女性婚後的主要精力都放到了丈夫和孩子身上，覺得有丈夫在外面奮鬥就行了，夫貴妻榮。但結果往往是，在丈夫的事業成功了，孩子長大成人後，她就成了多餘的人，不僅在別人眼中毫無吸引力，自己也感到自卑。

女性身上的母性使女人願意無私奉獻，卻一點也不考慮自己的成長、事業和愛好，最後失去自我。即使家庭富有，女人也應該有自己的事業和空間，因爲女性的自信來源於自立。所以，在關心家庭的同時，女人更應該多關心自己的事業，充實自己的生活。

歷史上，好女人總是作爲某個男人的附屬品而存在，而今時代不同了，聰明的女人瞭解了獨立的意義，她們相信獨立的女人是最美的。獨立聰明的女人猶如盛放的鬱金香，那矜持端莊的花姿，嬌鮮奪目的花朵，襯以淡綠色的葉片，散發著屬於自己的芬芳，姿態永遠是那麼優雅，氣質永遠是那麼迷人。

每個人都是獨立的，聰明的女人懂得爲自己而活，通過自尊、自強、自愛讓生活更有價值，她們的身上會散發出迷人的芬芳，她們會贏得男人深厚的愛。

徐志摩對人謙和，惟獨對自己的前妻張幼儀卻到了殘忍的地步。比如，徐志摩說張幼儀是土包子，言語間充滿嫌棄；在她有孕時，徐志摩為了追林徽因竟提出離婚。

同時代的女子，朱安一生堅守，把自己放低到「大先生」魯迅的塵埃裡，卻始終沒有開出花；蔣碧薇一再重選，在不同的男人身邊重複同樣的痛苦，晚景淒涼；陸小曼不斷放縱，沉湎於鴉片與感情的迷幻，完全喪失獨立生存的能力。

唯獨張幼儀，這個當年被徐志摩譏諷為「小腳與西服」的女子選擇自力更生，她一邊獨自帶著幼子在異國生活，一邊進入德國裴斯塔洛齊教育學院讀書。雖然她經歷了二兒子彼得的夭折之痛，但離婚三年之後，徐志摩在給陸小曼的信中，再次提到這位「前妻」時卻讚嘆：「一個有志氣有膽量的女子，這兩年來進步不少，獨立的步子站得穩，思想確有通道。」

離婚後的張幼儀簡直像一齣勵志大劇，人生為她關上了婚姻的大門卻打開了事業的窗，在金融業屢創佳績，股票市場出手不凡，創立的雲裳時裝公司還成為上海最高端、生意最興隆的時尚彙集地。

得到一個曾經無比嫌棄自己的男人的真心褒獎，是多麼艱難的事，離婚之後，張幼儀的人生有了鮮花與掌聲。

獨立的女人面對情感上的創傷時，會善於把挫折轉化爲事業成功的

動力，至少不會一蹶不振。她們知道幽默，知道自我開解，知道原諒、輕鬆，因爲她們把快樂放在自己手心，不繫在別人的言行上。

新女性應該有完整獨立的人格。獨立是一種很高的境界，需要高素質的心態和全新的價值觀。女性在經濟上應該有獨立感，這種感覺能使她們的精神獨立有相對堅實的地基。

她們不依靠任何人，因爲堅實的經濟基礎，是維護自我尊嚴的必需。通過經濟的獨立，她們才能享受著成就的滿足感。

9 學會欣賞自己的美

女人愛美，目光總是追隨著美好的事物，若是將這份欣賞美的態度置身於自己身上，必然會活出一份自信和灑脫。但怕就怕只關注別人擁有而自己無法企及的美好，把自己的價值壓得低低的，在心裡種下自卑的種子。

站在煩惱裡仰望生活的女人，永遠與幸福絕緣。消極和自卑如同張巨大的網，籠罩了生活裡的每一個角落，抑制自身的信心，限制內在的潛能，加深自卑的凝結，惡性循環。女人看著不滿意的自己、不滿意的生活，免不了一聲嘆息。

羅丹曾說過：「生活中並不缺少美，而是缺少美的發現。」自卑的女人，並非真的一無是處，她們只是尚未把目光投射在自身的優勢與能力上。有所成就、充滿魅力的女人，通常都有一點點「自戀」，無論是在人前還是人後，她們都會適度地自我欣賞、自我陶醉。這樣的女人是愉悅的，是幸福的。她們充分享受自信帶來的陽光，用外在的裝扮和內在的豐盈，給自己注入無限的美麗。這種美，經得起時光的雕琢和歲月的打磨，美得讓人心悅誠服。

生活像是一杯開水，你注入自信，它就變成了高貴的葡萄酒；你注入自卑，它就變得渾濁。不要對別人的自戀嗤之以鼻，殊不知，相較自卑而言，自戀有時也是一種增加幸福度的方式。特別是女人，更要懂得發現自己的美，正確地認識自己，理智地總結歸納，提高對自己的評價。

英國大提琴家賈桂琳·杜普蕾，非常欣賞自己的音樂和人格，她的自信在音樂裡飄揚，她不會爲了任何人而改變，也不會因爲世俗的眼光而有所動搖，更不因爲外界的妄加揣測而改變自己的信念。如果能像杜普蕾那樣活得精彩絕倫，生命和美麗自然會不朽。縱使歲月荏苒，光陰不再，她也能夠給自己一片天空，留給人們無盡的懷念與驚嘆。

女人不是因爲美貌而可愛，而是因爲可愛而美麗。如果你因爲自己臉上有瑕疵而不敢露出燦爛的微笑，如果你因爲手指不夠修長而不肯與別人真誠地握手，如果你因爲身材不佳而不敢翩翩起舞，那麼你會錯過鮮花和掌聲。

陽光從來都在，只是你一直背對著它，才會看到陰影。如果內心充滿自信，不完美的生活也會閃閃發光。

每個女人都有權利彰顯自己的美麗，甚至可以有一點點自戀，因爲那是在爲自己製造美好的氛圍，讓自己撥開烏雲欣賞自己的美，塑造一種與眾不同的態度。自戀的小情緒，也是一個自我鼓勵的加油站，讓女人對自己充滿希望，走出狹小的視野，告別自怨自艾。

當你感嘆外表平凡時，請記得爲自己營造一份快樂的心情，修煉一份豐盈的內在，在舉手投足間綻放從容優雅的姿態，在言談之中顯露內在豐富的魅力人格，讓自己獨特的氣質和睿智的思想，在外表漂亮女人中熠熠生輝。這種不斷進取、不斷完善的行爲以及欣賞自我的姿態，是對生活的熱愛，對美好的嚮往，對幸福的追求。

請記住：風景不只是遠處的好，美麗不總是別人的。女人一定要找到自己的亮點，走出自己的一條美麗之路，領略自己的獨特風景，活出輕鬆和自在，不被外界迷惑，不被自己打敗。只有懂得欣賞自我的女人，才能得到上帝的眷顧。

10 愛自己，才會被人愛

中國當代著名作家梁曉聲曾在一篇文章中寫道：「倘若有輪迴，我願自己來世身爲女人。我不祈禱自己花容月貌，不敢做嬋娟之夢；我想，我應該是尋常女人中的一個。那麼，假如我是一個尋常的女人，我將一再地提醒和告誡自己——決不用全部的心思去愛任何一個男人。用三分之一的心思就不算負情於他們了，另外三分之一的心思去愛世界和生活本身。用最後三分之一的心思愛自己。」

用三分之一的心思去愛自己，這句話說得多麼令人動容。可世間能夠做到這一點的女人，哪怕是僅留四分之一的愛給自己的女人，也並不多見。尤其是在有了家、有了孩子之後，女人大部分的心思都放在丈夫和孩子身上，心甘情願地付出，無怨無悔地奉獻。

這份愛是偉大的，卻讓女人的生命或多或少缺失了一點點色彩。當歲月日復一日帶走那些美好的年華，再也尋不到任何蛛絲馬跡時，看到斑白的兩鬢，看到歲月在臉上刻下的痕跡，還有那些未曾實現卻始終埋藏在心底的夢之花時，有幾個女人可以毫不猶豫地說一句「我這一生了無遺憾」？

哲學家奧修曾經說過：「石頭吸引石頭，花朵吸引花朵。如此一來，會有一種優雅的、美妙的、充滿祝福的關係產生。如果你能夠得到這樣的關係，那將昇華爲虔誠的祈禱，極致的喜樂，透過這樣的愛，你將領悟到神性。」

愛自己，懂得愛惜自己，才會在任何時候都不傷害自己。愛惜自己，即使遇到情場失意、事業受阻，你只會有短暫的失意低落，卻不會因此墮落或放縱。愛惜自己，真正關注自己的健康狀況，積極地參與健身運動，以保持自己良好的身材，不吝惜花在保養容貌及身體上的金錢與時間。愛惜自己的女人，會擁有良好的生活習慣，她不會抽菸、飲酒、通宵達旦地宴飲狂歡，不做損害自己身體的事情。

如果女人把愛自己理解爲「自我放縱」，那是大錯特錯的，因爲這不叫愛自己，而叫毀自己。比如暴飲暴食、菸酒過度、生活習慣不規律、完全不運動、不吸收新知識、懶惰等行爲，都是在虐待身體，傷害自己。錯誤的放縱，實際上等於自我憎恨，是害自己，跟自己過不去，更是對自己的不尊重。

真愛應當是健康的，給人感覺自由、愉悅，也唯有在自由、愉悅、享受的氣氛下，愛才能得以滋長。愛別人時應該如此，對自己也一樣。

愛自己，要正確健康地去愛，要讓自己感受到真正的自由。我們不妨時時傾聽內心的聲音，和自己對話，誠實地面對內心深處的各種欲念。這樣，我們會在紛繁複雜的人事中不受約束，保持平衡。我們能用這樣的態度去愛自己時，就能真正瞭解愛的意義，而且有能力去愛其他人。

愛自己的女人在精神上也是獨立的，她的思想受自己支配，不會爲了別人而盲目地改變自己。

愛自己，就要誠實地面對自己真實的感受和欲念，選擇自己想要的，不曲意承歡，不委曲求全，不因爲刻意討好別人而壓抑自己。

愛自己是一種責任，就像愛家人和朋友一樣。我們只有愛自己，珍惜自己，才會小心翼翼地保護自己內心的純淨，才能抵抗太多的誘惑和墮落，也才能真誠、健康地愛自己所愛的人，才能保證自己的家庭和事業都朝著健康的方向發展，是生活中一種真正的幸福。

一位知名女星說過：「我不怕自己變老，我獲得的智慧和成長是上帝送給我最好的禮物，我不感嘆青春的流逝，我只想讓自己成爲無論幾歲都是這個年紀中最棒的女人！」愛自己的女人，懂得取悅自己的女人，無論走到生命哪段時光，都是最好的狀態。

無論你是資質平平的普通女孩，還是天生麗質的漂亮女人，都請你好好地愛自己。這是屬於你的權利，也是給自己創造幸福和快樂的能力。一個女人只有懂得愛自己，讓自己幸福，才有資格讓別人去愛、去尊重、去欣賞，才有能力給別人幸福。愛自己的女人，身上散發出來的正能量，會讓每一個靠近她的人，感受到那種從內至外的自信與從容。

法國著名的才女作家法蘭索瓦絲・薩岡（Francoise Sagan，1935-2004）曾說：「總是有這樣一段年紀，一個女人必須漂亮才能被愛；也總是會有這樣一段時間，她得被人愛了才更美麗。」請將這段話銘記於心，如果你懂得精心地愛自己，你就不會畏懼歲月這把無情的雕刻刀，你會在歲月中慢慢蛻變出美如珍珠的光華。

女人，你要優雅一生

作者：韋甜甜
發行人：陳曉林
出版所：風雲時代出版股份有限公司
地址：10576台北市民生東路五段178號7樓之3
電話：(02) 2756-0949
傳真：(02) 2765-3799
執行主編：朱墨菲
美術設計：吳宗潔
行銷企劃：邱琮傑、張慧卿、林安莉
業務總監：張瑋鳳

初版日期：2017年9月
版權授權：馬鐵
ISBN ：978-986-352-490-8

風雲書網：http://www.eastbooks.com.tw
官方部落格：http://eastbooks.pixnet.net/blog
Facebook：http://www.facebook.com/h7560949
E-mail：h7560949@ms15.hinet.net
劃撥帳號：12043291
戶名：風雲時代出版股份有限公司

風雲發行所：33373桃園市龜山區公西村2鄰復興街304巷96號
電話：(03) 318-1378
傳真：(03) 318-1378
法律顧問：永然法律事務所 李永然律師
北辰著作權事務所 蕭雄淋律師

行政院新聞局局版台業字第3595號 營利事業統一編號22759935
©2017 by Storm & Stress Publishing Co.Printed in Taiwan
◎ 如有缺頁或裝訂錯誤，請退回本社更換

定價 ：240元

版權所有 翻印必究

國家圖書館出版品預行編目資料

女人，你要優雅一生/ 韋甜甜 著. -- 初版. -- 臺北市：風雲時代，2017.07- 冊；公分

ISBN 978-986-352-490-8（平裝）

1.生活指導 2.女性

177.2 106010816

風雲時代 風雲時代 風雲時代 風雲時代 風雲時代 風雲時代 風雲時代
時代 風雲時代 風雲時代 風雲時代 風雲時代 風雲時代 風雲時代 風
風雲時代 風雲時代 風雲時代 風雲時代 風雲時代 風雲時代 風雲時代
時代 風雲時代 風雲時代 風雲時代 風雲時代 風雲時代 風雲時代 風
風雲時代 風雲時代 風雲時代 風雲時代 風雲時代 風雲時代 風雲時代
時代 風雲時代 風雲時代 風雲時代 風雲時代 風雲時代 風雲時代 風
風雲時代 風雲時代 風雲時代 風雲時代 風雲時代 風雲時代 風雲時代
時代 風雲時代 風雲時代 風雲時代 風雲時代 風雲時代 風雲時代 風
風雲時代 風雲時代 風雲時代 風雲時代 風雲時代 風雲時代 風雲時代
時代 風雲時代 風雲時代 風雲時代 風雲時代 風雲時代 風雲時代 風
風雲時代 風雲時代 風雲時代 風雲時代 風雲時代 風雲時代 風雲時代
時代 風雲時代 風雲時代 風雲時代 風雲時代 風雲時代 風雲時代 風
風雲時代 風雲時代 風雲時代 風雲時代 風雲時代 風雲時代 風雲時代
時代 風雲時代 風雲時代 風雲時代 風雲時代 風雲時代 風雲時代 風
風雲時代 風雲時代 風雲時代 風雲時代 風雲時代 風雲時代 風雲時代
時代 風雲時代 風雲時代 風雲時代 風雲時代 風雲時代 風雲時代 風
風雲時代 風雲時代 風雲時代 風雲時代 風雲時代 風雲時代 風雲時代
時代 風雲時代 風雲時代 風雲時代 風雲時代 風雲時代 風雲時代 風
風雲時代 風雲時代 風雲時代 風雲時代 風雲時代 風雲時代 風雲時代
時代 風雲時代 風雲時代 風雲時代 風雲時代 風雲時代 風雲時代 風
風雲時代 風雲時代 風雲時代 風雲時代 風雲時代 風雲時代 風雲時代
時代 風雲時代 風雲時代 風雲時代 風雲時代 風雲時代 風雲時代 風
風雲時代 風雲時代 風雲時代 風雲時代 風雲時代 風雲時代 風雲時代
時代 風雲時代 風雲時代 風雲時代 風雲時代 風雲時代 風雲時代 風
風雲時代 風雲時代 風雲時代 風雲時代 風雲時代 風雲時代 風雲時代
時代 風雲時代 風雲時代 風雲時代 風雲時代 風雲時代 風雲時代 風
風雲時代 風雲時代 風雲時代 風雲時代 風雲時代 風雲時代 風雲時代
時代 風雲時代 風雲時代 風雲時代 風雲時代 風雲時代 風雲時代 風
風雲時代 風雲時代 風雲時代 風雲時代 風雲時代 風雲時代 風雲時代
時代 風雲時代 風雲時代 風雲時代 風雲時代 風雲時代 風雲時代 風
風雲時代 風雲時代 風雲時代 風雲時代 風雲時代 風雲時代 風雲時代
時代 風雲時代 風雲時代 風雲時代 風雲時代 風雲時代 風雲時代 風
風雲時代 風雲時代 風雲時代 風雲時代 風雲時代 風雲時代 風雲時代
時代 風雲時代 風雲時代 風雲時代 風雲時代 風雲時代 風雲時代 風
風雲時代 風雲時代 風雲時代 風雲時代 風雲時代 風雲時代 風雲時代
時代 風雲時代 風雲時代 風雲時代 風雲時代 風雲時代 風雲時代 風
風雲時代 風雲時代 風雲時代 風雲時代 風雲時代 風雲時代 風雲時代
時代 風雲時代 風雲時代 風雲時代 風雲時代 風雲時代 風雲時代 風
風雲時代 風雲時代 風雲時代 風雲時代 風雲時代 風雲時代 風雲時代
時代 風雲時代 風雲時代 風雲時代 風雲時代 風雲時代 風雲時代 風
風雲時代 風雲時代 風雲時代 風雲時代 風雲時代 風雲時代 風雲時代
時代 風雲時代 風雲時代 風雲時代 風雲時代 風雲時代 風雲時代 風
風雲時代 風雲時代 風雲時代 風雲時代 風雲時代 風雲時代 風雲時代

風雲時代